Ruth Ammann

Der Zauber des Gartens

und was er unserer Seele schenkt

Kösel

ISBN 3-466-34404-2

Druck: J.P. Himmer GmbH, Augsburg
Umschlagmotiv: FPG/BAVARIA

1 2 3 4 5 · 03 02 01 00 99

Inhalt

Für Liza, Julia und Meret
und alle anderen weiblichen Wesen, die mich umgeben.
Und für den »Freund der Göttin«
und seine Gefährten.

Vorwort

Vor allem anderen möchte ich den herrlichen Gärten danken, die die Zeit meiner Jugend umrankt haben. Sie haben von allem Anfang an meine Phantasie angeregt und in meiner Seele unzählbare Erinnerungen und Bilder geformt, die mich bis heute begleiten. Diese Bilder kommen in mein Bewusstsein und verschwinden wieder hinter dem Schleier des Unbewussten, sie bewegen sich, verändern sich, erneuern sich und verbinden sich mit unzähligen Gefühlen in meinem Herzen. Sie sind wie ein Berg von Edelsteinen, auch dunklen!, in denen ich herumspielen kann. Mal leuchtet der eine Stein auf, mal der andere. Es ist ein Schatz, für den ich nur dankbar sein kann.

Danken möchte ich auch denjenigen Menschen, die mich in den Gärten begleitet und mich gelehrt haben, die tiefgründige Seele der Gärten zu erfühlen, zu verstehen und zu lieben.

Noch einmal danken möchte ich auch Aarau, der Stadt meiner Jugend, die jedes Jahr am Sommeranfang ein Fest feiert, »Maienzug« genannt (nicht vom Monat Mai, sondern vom Maien-Blumenstrauß hergeleitet). An diesem Tag schmücken sich die Stadt mit Fahnen und die Mädchen mit Blumensträußen und Kränzen im Haar. Auch Knaben und Männer tragen Blumen im Knopfloch. Die Erinnerung an den Maienzug verbindet sich noch heute in mir mit Blumen, Fahnen, Fest und Freude, Tanz und Verliebtheit.

Weil ich an diesem Tag jeweils die allerschönsten Blumen im Kranz und Strauß haben wollte, begann ich als Mädchen zu gärtnern und meine eigenen

Blumen zu ziehen. Später wollte ich dann Gärtnerin werden, was mir meine Eltern keineswegs verboten, doch sie rieten mir ziemlich bestimmt, zuerst meine Matura zu machen.

Ihre klare Haltung führte dann dazu, dass ich mich zuerst einmal auf andere Art mit Gärten beschäftigte: Ich studierte Architektur, wobei natürlich der Garten als zum Haus gehörender Außenraum auch eine Rolle spielte, wenn auch nicht die Hauptrolle. Häuser sind eine ernsthafte, solide, fest stehende und dauerhafte Angelegenheit! Der Garten jedoch hat mich immer fasziniert wegen seiner Lebendigkeit, seiner Wandlungsfähigkeit, seiner Unberechenbarkeit und Verspieltheit. Wegen dieser lebendigen, spielerischen Eigenschaften, aber auch wegen seiner fruchtbaren, nährenden, schützenden oder seiner aphrodisischen, venusischen Qualitäten wie Schönheit, Freude und Sinnlichkeit ist die Welt der Gärten auch sehr nahe am Weiblichen. Das klang in mir an und hat mich bis heute verzaubert.

Später, in meinem zweiten Beruf als Psychotherapeutin, bin ich dem Garten wieder begegnet als dem Garten der Seele, den wir im Allgemeinen nicht greifen, sehr wohl aber innerlich sehen, spüren und erleben können. Manche können ihre inneren Bilder über die schöpferischen Hände sichtbar oder sogar greifbar machen in vielfältigen Gestaltungen, beispielsweise gemalten Bildern, Tonfiguren oder Sandbildern, wie das bei der in meiner Praxis sehr oft verwendeten therapeutischen Methode des Sandspiels im kleinen, geschützten »Gärtchen« des Sandkastens geschieht. Aber ganz gleich, ob ich ins sichtbare Seelengärtchen meiner PatientInnen schaue oder mit ihnen im inneren Garten arbeite – immer wieder werde ich dabei von Bildern aus dem äußeren Garten begleitet, gestützt und oft auch getröstet und regeneriert. Die therapeutische Arbeit ist schwierig und oft erschöpfend. Der Garten lehrt mich, Vertrauen zu haben in die heilende Kraft der Seele. »Wir können unseren Patienten keinen ›Rosengarten‹ – ›rose garden‹ – versprechen oder machen, aber wir können ihnen einen geschützten Raum versprechen, wo sie ihren eigenen Garten wachsen lassen können«, schrieb 1969 meine verehrte Freundin, Jungsche Analytikerin und Sandspieltherapeutin Kay Bradway, USA.

Über die Jahre hat sich dann durch meine verschiedenen beruflichen und privaten Tätigkeiten die Ahnung, die ich schon als Kind hatte, zur Gewissheit verdichtet, nämlich, dass der Garten der Seele und die Seele des Gartens eins sind. Garten und Seele gehören zusammen, sie bilden einen geheimnisvollen Raum, einen Raum zwischen dem Hellen und dem Dunkeln, zwischen Kultur und Natur, zwischen dem Bewussten und dem Unbewussten, zwischen Geist und Körper. Dieser Raum dazwischen hat mich eingefangen, ihn will ich in diesem Buch ergründen.

Gleichzeitig möchte ich über die Liebe zum Garten meine Leser dazu verführen, sich liebend ihrer eigenen Seele zuzuwenden, und auch der Seelenwelt – den Seelengärten – anderer Menschen. Ich meine zu erkennen, dass wir Menschen die Welt der Seele vernachlässigen, was zu einer Verödung der Seelengärten führt und zu einer einschneidenden Verarmung der Menschheit.

Dieses Buch habe ich für viele Menschen geschrieben. Es soll kein therapeutisches Buch sein, doch werde ich Beobachtungen und Erfahrungen aus meiner täglichen Arbeit in meinem eigenen Seelengarten und denen anderer Menschen einfließen lassen. Aber auch mein Erleben in meinem greifbaren Garten will ich hineinweben in dieses feine Gewebe, das sich um den »Garten« spinnt.

Allem voran jedoch hoffe ich, dass ich meine Leser dazu verlocken kann, ihre »Tore« zu öffnen, denn »die Sinne des Menschen sind wie die Tore einer Stadt: Sind die Tore geöffnet, ist Leben in der Stadt, sind sie geschlossen, ist es öde darin«, wie es in einem indischen Sprichwort heißt. Darum lasst uns mit offenen Sinnen über die Erde gehen; unsere Erde ist auch ein großer Garten, der Hinwendung, Zuwendung und Schutz braucht. Erst wenn wir die Göttin der Liebe und des Lebens erkannt und in uns aufgenommen haben, können wir den lebensfeindlichen Kräften in der Welt einigermaßen gewappnet entgegentreten. Ich kann es auch so sagen: Erst wenn uns die zerstörerische Kraft des Bösen genügend erschreckt und erschüttert hat, sind wir bereit, uns tief genug zu bücken, so dass wir die Schönheit und Lebenskraft der »kleinen Blumen« im Garten sehen können und schätzen lernen. Im äußeren Garten wie im inneren.

1

Das Tor

Hineinführung in die geheimnisvolle Welt der Gärten

Wie so vieles in meinem Leben begann auch das intensive Umkreisen des Themas »Garten« mit einem Traum. Es war auf der Rückreise aus der Bretagne, aus jener geheimnisvollen Gegend, wo die Geister der Natur die Menschen einfangen, damit die Seele der Natur sich auf zauberhafte Weise mit den Seelen der Menschen verbinden kann. Wo die alten, manchmal hohlen Eichen und das mannshohe Farnkraut, die liegenden und stehenden geheimnisvollen Steine – Dolmen und Menhire –, die blubbernden Quellen und Teiche, das Efeu an den Mauern alter Schlösser und verfallener Mühlen flüstern: »Hörst du die Stimme Merlins? – Wenn du sie einmal gehört hast, wirst du sie nie mehr vergessen.« Und: »Spürst du den Schleier Vivianes, wie er dich wie ein glitzernder Nebelhauch einhüllt? Oder sind es feuchte Spinnweben? Auch diesen zarten Fäden wirst du nie mehr entkommen ...«[1]

Nun eben auf der Rückreise aus dieser Welt, die nicht die trockene, scheinwerferhelle Welt unserer Universitäten und Büros ist, muss ich eingeschlafen sein. Ich träumte von einem lichten hellgrünen Wald. In diesem Wald ging ich auf einem schmalen Weg aufwärts. Ganz deutlich sah man in der feuchten Erde Spuren von einem Karren. Wohin führten sie wohl? Nicht weit, denn plötzlich stand ich vor einem riesigen, massiven Holztor, das ohne Mauern, ohne Pfosten, einfach so im Wald stand und den Weg versperrte. Eigenartigerweise war es nicht ein gewöhnliches rechteckiges Tor oder ein romanisches oder gotisches Bogentor, sondern deutlich ein orientalisches Tor. Es schien fest verschlossen. Trotzdem versuchte ich es aufzustoßen, und es öffnete sich, aber nur gerade so viel, dass ich nicht dahinter sehen konnte. – Dann wachte ich auf.

Natürlich war ich nach dem Aufwachen verwirrt und ein wenig traurig, denn – wer möchte nicht wissen, welche neue Welt sich jenseits eines so ungewöhnlichen Tores befindet? Besonders, wenn sich das Tor schon ein wenig aufstoßen ließ.

Mein Reisegefährte meinte trocken: »Ach, das ist doch ganz klar, das ist das Tor zur Anderswelt.« Anderswelt? Eine andere Welt? Das klingt so einfach, ist es aber nicht, denn die Anderswelt wird auch die Welt des anderen Seins genannt.[2] In dieser anderen Welt herrschen andere Gesetze für Zeit, Raum und Bewusstsein. Ich habe viel gehört und gelesen von der Anderswelt, vielleicht auch schon einen Blick hineingetan oder zwei, und – war ich nicht gerade zurückgekehrt von einer Art »Anderswelt«, die sich wie ein Nebel über die Orte der Bretagne legt? Aber – hatte ich wirklich vom Tor zur Anderswelt geträumt?

Tore und Türen markieren den Übergang von einem Raum zu einem anderen, zum Beispiel von der Straße zum Garten oder vom Garten zum Haus, um nur die einfachsten Übergänge zu nennen. Tore und Türen beschützen den Übergang von der öffentlichen in die Privatsphäre, von der Wildnis in einen geschützten kultivierten Raum oder vom bekannten Innenraum in den gefahrvollen Außenraum. Besonders kunstvolle und bedeutende Tore stehen am Übergang von profanen zu sakralen Räumen, wie Kirchen, Tempel oder heiligen Bezirken. Dann gibt es auch die ungreifbaren Tore, die wir aus Mythen, Träumen und Imaginationen kennen. Diese Tore und Türen können wir nur vor unserem inneren Auge sehen, daher gehören sie sozusagen zum individuellen, seelischen Bilderreichtum jedes Einzelnen. Sie können sehr wohl zur »anderen Welt« führen, denn sie stehen am Übergang von der individuellen Seelenwelt zum großen Raum der Weltseele.

Weil Tore und Türen den oft schwierigen, aber bedeutungsvollen Übergang von einer Welt zu einer anderen, von einer Seinsweise in eine andere ermöglichen, sind sie von vielen Ritualen umrankt, die sie schützen und das richtige Verhalten der Menschen an diesem Ort regeln. Interessanterweise gibt es Ortschaften, wo am Übergang von der Straße zum Garten nur eine Gartentüre steht, aber kein Gartenzaun die Grenze bezeichnet. Die Türe allein genügt, um den Übergang in eine andere Sphäre zu bezeichnen.

So stand auch das Tor in meinem Traum allein im unbegrenzten Wald. Dahinter *musste* sich etwas anderes befinden als wieder Wald. »Mein Tor« war ein besonders schönes, von Menschenhand gearbeitetes Tor, daher meine ich, dass sich dahinter ein Garten, auch von Menschen gestaltet, ausbreitete. Weil es im Wald war, vielleicht ein Waldfrauengarten? Dann allerdings ein »fürstlicher« Waldfrauengarten, gewöhnliche Waldhexengärtchen haben wohl kleine, verlotterte, windschiefe Eingangstürchen. Oder weil es ein orientalisches Tor war, vielleicht ein Zaubergarten mit einem Springbrunnen in der Mitte? – Wie raffiniert Träume doch sind! Gerade weil ich das Tor im Traum nur eine Handbreit öffnen konnte, ließ mich die Neugierde nicht mehr los.

Viele Jahre sind vergangen seit diesem Traum, und vielen »Welten« bin ich seither nachgegangen. Heute weiß ich, dass hinter meinem Traumtor (noch nicht) die Anderswelt liegt, sondern die Zwischenwelt der mannigfachsten inneren und äußeren Gärten. Es sind die kleinen Gärten zwischen Haus und Straße, die versteckten Gärten zwischen hohen Mauern, die bunten Gärten zwischen Bauernhäusern und Feldern, die prächtigen, großartigen Gärten zwischen Schlössern und Wäldern, die vielen, vielen Gärten zwischen Himmel und Erde, zwischen Natur und Kultur, zwischen fest stehenden Häusern und bewegter, wilder Umwelt. Es sind die Seelengärten zwischen Tag und Traum, die Beziehungs- oder – schöner – die Liebesgärten, die Menschen verbinden, und die stillen Gärten, wo die Menschen das Göttliche und damit auch sich selber finden.

Diese Gärten haben mich beschäftigt, ihnen bin ich nachgegangen in fremden, auch in orientalischen Ländern. Vielleicht hatte das Traumtor deshalb einen orientalischen Bogen, weil gerade in den orientalischen oder in den von der orientalischen Kultur beeinflussten Ländern die Gärten Orte sind, wo die äußere Natur und die Natur der Seele in zauberhaftester Weise miteinander verbunden werden. Immer aber bin ich zurückgekehrt in meinen ländlichen, schweizerischen Garten, den ich, wie meine Tochter einmal sagte, wohl mehr liebe als alle andere »Habe«, die mir gehört. Sie hat Recht. Doch mein Garten ist mir gerade deshalb so lieb, weil er eben nur zum Teil zu meinem »Haben« gehört, viel mehr hingegen zu meinem »Sein«. Dort im Garten verbindet sich für mich die äußere Welt mit der inneren zu jener geheimnisvollen, lebendigen Zwischenwelt, wo Greifbares und Ungreifbares eins werden.

Dieses Hin- und Her- und Ineinanderfließen von Außen- und Innenwelt scheint mir besonders schön erlebbar in dem äußerst vielschichtigen Symbol »Garten«, das einerseits im Hier und Jetzt naturnah greifbar und erlebbar ist, andererseits eine seelisch-geistige Seite hat, die sich aus der jahrhundertelangen Erfahrung der Menschheit mit dem äußeren und inneren Garten ergibt. Letztlich möchte ich aber die Erfahrung vermitteln, dass es nicht eine äußere Welt gibt, die getrennt ist von der inneren, sondern dass es eine Welt dazwischen gibt, wo sich beide sozusagen übereinander schieben und verbinden.

Wenn wir uns in dieser Zwischenwelt befinden, dann spazieren und arbeiten wir im Garten mit Augen, die gleichzeitig nach außen und nach innen schauen; wir riechen den Duft der Blumen und lassen gleichzeitig Erinnerungen in uns aufsteigen, und unsere Pflanzen und Erde ertastenden Hände erwecken Bilder in uns, von denen wir vorher keine Ahnung hatten. Dann erkennen wir sozusagen »durch die Blume« größere Zusammenhänge und fühlen uns eingebettet im großen Sinnzusammenhang der Natur.

Ganz wichtig scheint mir auch der subjektive Gefühlsbezug jedes Einzelnen zum Garten, dieser Welt dazwischen. Deshalb soll dieses Buch nicht nur von der Geschichte des Gartens und dem Wesen der Pflanzen berichten, noch will ich mich nur in die Bedeutung des Gartens in Träumen, Märchen und inneren Bildern vertiefen, sondern ich möchte auch meine ganz persönlichen Gefühle für den Garten ausdrücken, denn dieses Buch entspringt primär meiner *Liebe* zum Garten. Der Anstoß dazu, diese Liebe nicht nur zu empfinden und darüber nachzusinnen, sondern ihr auch eine Form zu geben, kam jedoch nicht von einem Bild, sondern von einem Duft.

Ich saß auf der Terrasse eines kleinen irischen Landschlösschens. Nicht auf der Paradeseite gegen die große Rasenfläche und das Meer hin, sondern auf der Seite, wo ein kleiner, versteckter, altmodischer Garten lag. Da brachte ein Windhauch den Duft von alten Rosen zu mir – er trug mich spielerisch zurück in die Gärten meiner Kindheit. (Ich hatte das Glück, in verschiedenen großen, alten Gärten spielen und auf Entdeckungsreisen gehen zu dürfen.) Ich wusste, zu welcher Rose dieser Duft gehörte, und ging nun, sie in diesem versteckten irischen Garten zu suchen. Und wie ich so hin und her ging auf den Kieswegen zwischen den Rosenbeeten, die genau wie die Blumenbeete meiner Jugend mit kleinen Buchsrabatten eingefasst waren, fand ich jene alte Rosensorte, weiß mit zartem Rosahauch, gleichzeitig aber auch viele, viele Erinnerungen an Gartenerlebnisse in meiner Kindheit. Da waren die Nelken des Großvaters, die Rosen der Großmutter, das Begegnungsspiel der Kinder im Fast-Labyrinth des Blumengartens, aber auch der Bohnenberg, der verarbeitet werden musste, oder die Kartoffeln und Engerlinge auf unserer Spielwiese während der »Anbauschlacht« im Zweiten Weltkrieg.[3] Alles waren scheinbar kleine Begebenheiten, die aber eine große Bedeutung hatten für mein späteres Leben und an die ich später in diesem Buch einige meiner Betrachtungen anknüpfen will. Das Zurückerinnern entlang den Fäden meines Lebens ließ mich ein Stück des Musters im Teppich erkennen, den mein Schicksal knüpft. Auch das wollte ich festhalten in einem Buch.

Doch nun machen wir einen Zeitsprung von jenem Traumtor zu einem konkreten, greifbaren Tor. Es ist Frühling. Noch ganz benommen von der architektonischen Schönheit der schattigen Innenräume des Alcazars in Sevilla, blicke ich plötzlich durch hohe, kunstvoll verzierte Bogenfenster hinaus ins Grüne, in ein Spiel von Licht und Schatten. Ein wunderbarer Duft von Glyzinien, Orangenblüten, Rosen und anderen, mir noch verborgenen Blüten zieht mich hinaus. Durch ein Tor tauche ich hinunter in den Garten.

Viele Menschen spazieren auf den Wegen, bewundern die Orangenbäume, die gleichzeitig Blüten und Früchte tragen, hören den Vögeln zu und freuen sich an den weißen Tauben, die hin und her fliegen zwischen den Höhen der Palmen und dem Wasser des plätschernden Brunnens. Die Tauben setzen sich auf den Rand des Brunnens oder auf den Kopf der Brunnenfigur und betrachten von dort die Menschen im Garten. Diese Menschen sind friedlich, sie gehen langsam und genießen die Farben und Formen der Pflanzen, die Düfte der Blüten und den Gesang der Vögel. Sie betasten die Blätter und Blumen und lächeln

dabei. Eigenartig – selbst große, solide Männer und saloppe Jugendliche lächeln und haben einen friedlichen Ausdruck im Gesicht. Ganz anders als in den Straßen der Städte. Es sieht so aus, wie wenn die Besucher dieses Gartens verzaubert worden wären, denn ihre Augen scheinen nach außen zu schauen auf die Schönheit des Gartens, doch gleichzeitig auch nach innen – wohin? Viele scheinen mit offenen Augen zu träumen. Wovon?

Vielleicht ist es so, dass der Zauber des äußeren Gartens sie in eine andere Welt führt, in den inneren Garten, den Garten ihrer Seele. Was sie dort sehen, wissen wir nicht. Nur der Ausdruck ihrer Gesichter sagt uns, dass es wohl eine Welt des Friedens und der Freude ist, sonst würden sie nicht so entspannt und glücklich aussehen.

Könnte es sein, dass das langsame Wandeln ihnen die Zeit gibt zum Fühlen und Sich-liebend-Einfühlen? Dass die vorurteilslose Hinwendung zur Schönheit und Sinnlichkeit eines Gartens die Menschen zu innerer Schönheit und Freude, zu Frieden und Dankbarkeit führt? Könnte es sein, dass die liebevolle Zuwendung eines Gärtners, einer Gärtnerin sich überträgt auf die Besucher des Gartens? Könnte es auch sein, dass der Garten sie ganz leise und spielerisch zu jenen weiblichen Werten hinführt oder verführt, die sie in ihrem Tagesleben verdrängen, verachten oder als überflüssig betrachten?

Sicher weiß ich es nicht. Doch meine Beobachtungen an Menschen, die in Gärten spazieren, zeigen mir, dass von Gärten eine Wirkung besonderer Art ausgeht. Viele Menschen werden still. Fast meditativ gehen sie von Pflanze zu Pflanze. Sicherlich werden in ihnen innere Bilder und Erinnerungen wach und vielerlei Gefühle erweckt. Sie lassen sich anrühren vom Geheimnis des Lebens und Wachstums, vom Werden und Vergehen, vom Sichtbaren und vom Unsichtbaren, Unter-Gründigen. Andere Menschen geben ihrer Überraschung und Freude laut Ausdruck, wenn sie etwas besonders Schönes oder Anrührendes entdecken. Sie schwatzen und lachen. Auch Kinder lachen und schreien, springen herum und spielen. Sie sind übrigens verwandt mit den Blumen, denn auch Blumen spielen. Sie arbeiten nicht, sie schlafen nicht, aber sie tanzen im Wind und spielen mit ihren Farben und Formen.

In den Gärten werden auf spielerische Weise Gefühle, Bilder, Phantasien erweckt, die uns hinführen zur Welt der Imaginationen, wo Seelisches und Körperlich-Konkretes nicht mehr getrennt sind. Diese Zwischenwelt der Imagination ist etwas ganz Besonderes, eine einzigartige Gabe der Menschen.[4] Sie spielt ihr Spiel an vielen Orten, ganz besonders aber im äußeren Garten und in den Seelengärten – beides Welten, die die Menschen seit Tausenden von Jahren kultiviert und immer wieder aufs Schönste miteinander verwoben haben.

Der Zauberteppich eines Gartens wird aus vielen Fäden und von vielen Webern gewoben: Die große Weberin Natur wirkt aufbauend und schöpfend, nicht nur durch ihre Pflanzen, die im kleinen Rhythmus von Tag und Nacht und mit den großen Zyklen der Jahreszeiten wachsen und vergehen. Auch die unzähligen Tiere, wie Würmer und Mäuse unter dem Boden, Käfer, Vögel, Schmetterlinge und viele andere über dem Boden, arbeiten ununterbrochen. Und ebenso weben die Menschen mit. Sie imaginieren, planen, lieben und verwünschen den Garten. Fäden von Schweiß, Ärger, Frustration und von Freude, Lust, Überraschung werden in den Gartenteppich hineingewoben. Seltener sind es Fäden der gezielten Aggression (Gärten machen uns nicht aggressiv, allerhöchstens langweilige und unsensible Gärtner bringen das fertig), wohl aber sind es viele Geduldsfäden. Der Garten, ob der äußere oder der innere, entwickelt sich langsam und braucht viel Zeit.

Doch auch eine Seite der Natur lässt den Teppich nie fertig werden, denn stets aufs Neue verwandelt oder zerstört sie das Geschaffene, verändert Farben, lässt welken und sterben. Auch Menschen zerstören, weil es sein muss oder weil sie ungeduldig und unzufrieden sind. So ist es ein dauerndes Spiel des Wachsens und Vergehens, des Formens und Auflösens, der mühsamen Arbeit und des genussvollen Ruhens. In allem aber wirken, ob wir uns dessen bewusst sind oder nicht, eine Weisheit und Kraft, die wir nicht anders als göttlich nennen können.

Erinnert uns das Wesen des Gartens nicht sehr an das Wesen der Seele? Weil ich meine, dass beide sehr viel Gemeinsames haben, will ich Phantasien und Gedanken und die Träume und Erfahrungen meiner Patienten, Freunde und meiner selbst ineinander weben zu einem Buch über »die Seele des Gartens und den Garten der Seele«.

Der Leser möge sich nicht erschrecken lassen durch mein Hin- und Hergehen zwischen Innen- und Außenwelt, zwischen Phantasien, Märchen, Träumen und realen Begebenheiten. Ich möchte nur ein Stückchen mitweben am großen Gartenteppich.

Wenn wir nun vor unserem inneren Auge einen Gartenteppich erstehen lassen, bringt uns dieses Bild auch zu den prachtvollen alten Perserteppichen, die man, wie P.R.J. Ford in seinem Buch »Der Orientteppich und seine Muster« sagt, »geknüpfte Gärten« nennen könnte. Es sind künstlerische Verwirklichungen der Nomadenträume. Ford erinnert an das endlose graubraune Wüstenland aus Staub, Felsen und Stein des Irans und sagt, dass es in dieser Landschaft kaum verwunderlich sei, wenn auf den Böden der Häuser die herrlichsten »Gärten« in Form von Teppichen lägen. Nach uralter Tradition seien die Muster der Teppiche der besonderen Form der persischen Gartenanlagen nachgestaltet.

Er schreibt: »Der wahrscheinlich berühmteste Teppich der Geschichte hatte ein solches Muster. Er wurde angefertigt für den Palast Chosraus II. in Ktesiphon. Chosrau war einer der letzten Kaiser des Sassaniden-Reichs vor den arabischen Eroberungen des 7. Jh. Der Teppich, so die Überlieferung, sei etwa 27 m breit und fünfmal so lang gewesen, sein Gewebe verziert mit Seide und Tausenden von Perlen und Edelsteinen.«[5] »Der Fond des Teppichs stellte den eigentlichen, von Bächen durchrieselten und von Pfaden durchkreuzten Lustgarten dar, mit Bäumen und lieblichen Frühlingsblumen geschmückt. Die umfassende breite Bordüre zeigte bepflanzte Blumenbeete in buntfarbigem, durch blaue, rote, gelbe, weiße und grüne Steine dargestellten Blütenschmuck. Am Fond des Teppichs war die gelbliche Färbung des Erdbodens durch das Gold nachgeahmt. Streifen vertraten darin die Ränder der Bäche, dazwischen gaben kristallhelle Steine die Gewässer täuschend wieder. Die Kiespfade waren durch

perlengroße Steinchen angedeutet. Stängel und Äste bestanden aus Gold und Silber; die Baum- und Blumenblätter wie das sonstige Pflanzenwerk waren aus Seide, die Früchte aus buntem Gestein.«[6]

Dies ist die älteste Schilderung des Teppichs, der der Frühlingsgarten des Königs Chosrau genannt wurde. Chosrau ließ ihn im Winter auflegen, auf dass er ihn »an den Frühling erinnere«. Der Teppich wurde dann von den arabischen Eroberern in Stücke gerissen. Später machte man zahlreiche Versuche, das Muster des legendären »Frühlingsgartens des Chosrau« neu zu schaffen, es gelang aber nicht mehr.

Wenn ich mich hineinversetze in die Seele eines Menschen, der im Winter einen Gartenteppich auflegt, auf dass er ihn oder sie »erinnere an den Frühling«, so stelle ich mir vor, dass der Gartenteppich wie eine Vision von wiederkommendem Leben, von Schönheit, Wärme, Sinnlichkeit und Fruchtbarkeit durch den kalten, düsteren, nüchternen Winter trägt. Den »Seelenwinter«, wo die Welt und das Leben dunkel, kalt und tot erscheinen, oder »Seelenwüsten«, wo Leblosigkeit, Trockenheit und unendliche Eintönigkeit die Seele eines Menschen dominieren, kennen wir aus dem Alltagsleben und insbesondere aus der psychotherapeutischen Praxis. Wenn diese Wüsten-Stimmungen bei unseren Mitmenschen oder bei unseren Patienten lange andauern, das heißt wenn der Seelen-Winter nicht mehr enden will, dann ist dies für alle Beteiligten schwer zu ertragen und kann ansteckend sein. Da brauchen wir wie damals der persische Kaiser Chosrau die Vision eines blühenden Gartens, der uns durch den Winter trägt.

Vielleicht wird nun der eine oder andere Leser sagen, die Vision des blühenden Gartens sei eine Paradiesvorstellung und damit »abgehoben« und unrealistisch. Ich meine, das sagt nur jemand, der nie einen Teppich geknüpft oder einen blühenden Garten erarbeitet hat. Beides verlangt so viel konkrete Arbeit, Liebe und Geduld, dass ohne die Vision vom blühenden Paradiesgarten die Verwirklichung auch nur eines einfachen, lebendigen Seelengartens gar nicht möglich wäre. Von dieser Art Arbeit im Seelengarten werden wir jedoch später noch hören.

2
Vom Sinn des Gartenzauns

Was macht ein Stück Land zum Garten?

Bevor wir uns in das Wesen und die Geheimnisse der vielen verschiedenen Gärten vertiefen, interessiert uns, was das Wort »Garten« bedeutet. Im Mittelhochdeutschen heißt der Garten »garte« (wie übrigens auch im Schweizerdeutschen), im Althochdeutschen »garto«. Im Gotischen bedeutet »garda« Viehhürde oder »gards« Hof, Haus, Familie. Im Englischen kennen wir das Wort »yard« für Hof, im Schwedischen »gard« für Hof, Gehöft, Gut, Grundstück. Diese Wortbildungen stammen vom indogermanischen Wort »ghordho«, was Flechtwerk, Zaun, Hürde, Umzäunung, Eingezäuntes heißt und im erweiterten Sinn: umzäunen, einhegen, umfassen. Verwandt sind »choros« für Tanzplatz, Tanz oder auch im Lateinischen »hortus« für Garten. Das russische Wort »gorod« für Stadt bezeichnet ursprünglich ebenfalls einen »eingehegten Platz«.

Ebenso hat das Wort »Paradies« dieselbe Bedeutung: Altiranisch heißt »pairi« = umfassen, »daeza« = Mauer. Also auch das Paradies ist zuerst einmal ein mit einer Mauer umfasster Ort. Allerdings befindet sich innerhalb der Mauer ein ganz besonders heiliger Ort, nämlich der Garten Eden, der Garten der Glückseligkeit.

Um den »Garten« klar vom »Haus« unterscheiden zu können, werfen wir einen kurzen Blick auf die Herkunft des Wortes »Haus«. Das Wort »Haus« ist verwandt mit »Haut« und abgeleitet von »bedecken«, »umhüllen«. Demnach ist das Haus ein umhüllter, das heißt nach allen Seiten, auch nach oben und nach unten umschlossener Raum. Das Haus wird von Menschenhand gebaut und wiederholt immer wieder die Bewegung des Umschließens, des Umhüllens und des Absonderns eines genau bestimmten Raumes, der den geschützten Lebensbereich eines Einzelnen oder einer Gruppe darstellt. Das Haus ist wie die Siedlung oder die Stadt eine Schöpfung der Architektur, also eine Kulturschöpfung und steht damit grundsätzlich im Gegensatz zur Natur – auf der einen Seite die geschlossene Hülle des Innenraums des Hauses, die dem Bewohner Schutz und Identität gibt, auf der anderen Seite die offene Weite des ungestalteten und ungesicherten Außenraums.

Der Garten hingegen ist ein eingezäuntes Stück Land, eingezäunt und begrenzt in der horizontalen Ebene, nicht aber in der vertikalen Ebene. Es kann auch ein Stück Natur sein, das nach innen geholt wurde, sozusagen dem Menschen nahe gebracht bzw. verwandelt und kultiviert wurde, so wie wir es zum Beispiel aus den wunderschönen Innenhöfen oder Gartenhöfen der islamischen Architektur kennen. Auch diese sind offen gegen den Himmel, gegen das Licht, die Sonne, den Regen, und wir werden später sehen, dass gerade

die Begrenzung in der horizontalen, irdischen, menschlichen Ebene, nicht aber in der vertikalen, Himmel und Erde verbindenden Achse das ganz spezielle Wesen des Gartens ausmacht. Vorerst jedoch bleiben wir auf dem Boden, auf der Horizontalen. »Garten« bedeutet also zuerst einmal ein von der unendlichen Naturlandschaft abgegrenztes, eingezäuntes, eingefriedetes Stück Land.

Ein abgegrenztes Stück Land bzw. einen überschaubaren, geschützten Raum zu besitzen war und ist für die Menschen noch immer von größter Bedeutung. Die Grenze bildet dann den Rahmen für das Leben eines Einzelnen, einer Familie oder einer bestimmten Gruppe. Innerhalb dieser Grenzen können die Menschen ihre eigene Welt erschaffen, ihre persönliche Ordnung errichten. Die unüberschaubare Unendlichkeit der Wildnis bedeutet für sie das Chaos, dort fühlen sie sich verloren und verängstigt. Allerdings erleben wir heute oft die umgekehrte Situation, nämlich, dass viele Menschen sich von ihrem geschützten Garten beengt fühlen. Ihre persönliche geordnete Welt ist ihnen zu bekannt, zu langweilig geworden, und sie suchen wieder die Weite und »Ungeordnetheit« der Wildnis. Sie suchen das Abenteuer der freien Natur, um äußerlich Neues zu erleben, vielleicht aber auch, um neue innere Bilder und Visionen zu schauen. Grundsätzlich aber fürchten die Menschen das Fremde, Chaotische, Ungeordnete in jeder Hinsicht – konkret äußerlich und innerlich, seelisch. Sie fühlen sich erst zu Hause, wenn sie ihre überschaubare und persönlich verkraftbare Welt hergestellt haben.

So errichtet der Mensch zuerst einmal eine Abgrenzung, einen Zaun oder eine Einfriedung, das heißt er zieht eine Grenze zwischen seinem Land und dem ganz Anderen, nämlich der freien Natur, die wir Wildnis nennen, oder dem Land anderer Menschen. Warum aber setzt er eine Grenze? Warum grenzt er sich ab oder das Andere aus? Vor was muss er sich schützen? (Haben Sie sich diese Frage auch schon einmal gestellt? Vielleicht, als Sie das letzte Mal Ihren Gartenzaun strichen und sich über die unendlich vielen Latten ärgerten, die wie Soldaten die Grenze Ihres Grundstückes bewachen? Oder als Sie sich über Ihren Nachbarn wunderten, der seine Thujahecke so hoch wachsen lässt, dass nicht einmal Riesen hinüberschauen können?) Doch ich spreche hier natürlich nicht

nur von Grenzen, die ein Einzelner oder eine Familie um ihr Land ziehen, sondern auch von Grenzen, die Gruppen und Völker ziehen. Es gibt auch Dorfgrenzen, Stadtgrenzen (früher waren die Stadtmauern die Stadtgrenzen) und Landesgrenzen.

Menschen, die einen Zaun oder eine Einfriedung um ihr Stück Land ziehen, schützen sich vor dem Fremden und manifestieren zuerst einmal sich selber. Sie sagen: »Hier wohne ich, dies ist mein ›Reich‹, hier herrscht meine Ordnung, mein Gesetz.« Sie grenzen sich als Individuum oder als zusammengehörige Gruppen vom Kollektiv der anderen Menschen ab oder von der großen, unbekannten Natur. Vermutlich haben auch Sie dazu Ihre eigenen Gedanken bzw. Erfahrungen gemacht. Die Bezeichnung Einfriedung für Zaun macht auch deutlich, dass wir innerhalb unserer Grenzen in Frieden leben möchten. Das Wort »Friede« ist auch enthalten im »Friedhof«, demjenigen Garten, den wir schützen und ummauern, um den Seelen unserer Verstorbenen Ruhe und Frieden zu geben. Hass und Machtansprüche, aber auch schleichende Feinde des Menschen wie Lärm und Unruhe sollen nicht eindringen in den Ort des Friedens, in den Garten der Seelen.

Die Einfriedung, der Zaun oder die Mauer um den Garten werden also vor allem gegen unerwünschte Eindringlinge, zum Beispiel gegen Tiere, und zum Schutz vor Verwüstung und Übernahme durch andere Menschen errichtet. Sie dienen dem Schutz der Persönlichkeit und deren Lebensraum, zu dem eine Behausung und eben ein Garten, ein Stück nutzbarer Boden gehören. Die Unverletzbarkeit der Grenze war stets eine wesentliche Grundlage im menschlichen Gemeinschaftsleben und genoss immer höchsten Schutz, auch Rechtsschutz. Noch heute ist Hausfriedensbruch oder das böswillige Eindringen in ein fremdes Grundstück strafbar.

Die Eigentümer, also auch Sie, sind Herrin und Meisterin oder Herr und Meister über Ihr Grundstück, in unserem Fall über Ihren Garten. Sie haben somit Macht über den Garten und können in einem gewissen Rahmen damit machen, was Sie wollen: Sie können ihn lieben, pflegen und zum Blühen bringen oder vernachlässigen und verwildern lassen. Sie können ihn auch zubetonieren und so seiner Grundlage, der Erde und Fruchtbarkeit, berauben. Sie können sich den Garten vollständig untertan machen. Dann aber ist es kein Garten mehr, sondern ein vergewaltigtes Stück Erde.

Bei aller Abgrenzung und Einfriedung dürfen wir jedoch nicht vergessen, dass der Garten nicht nur vom Menschen, sondern auch von der weiteren Natur, der Pflanzen- und Tierwelt lebt, und vor allem, dass er gegen den Himmel und die Tiefe der Erde offen ist. Da gibt es keine Grenzen. Wir Menschen müssen ebenso die großen elementaren Naturkräfte wie Hitze, Trockenheit, Sturm, Regen, Hagel und Frost mit einbeziehen wie auch zum Wesen der Pflanzen und Tiere in Beziehung, das heißt in eine gleichwertige Partnerschaft treten, wenn wir mit unserem Garten in Frieden und Freundschaft leben wollen. Auf diese

Weise setzt die Natur des Gartens der menschlichen Selbstherrlichkeit Grenzen. Daher könnte man sagen, dass der Gartenzaun gleichzeitig den menschlichen Größenanspruch begrenzt als auch den Raum beschützt, wo die Menschen Bescheidenheit und Demut gegenüber der Natur lernen können.

»Unabhängigkeit ist kein naturwissenschaftlicher, sondern ein politischer Begriff«, sagt Lynn Margulis in ihrem Buch »Leben. Vom Ursprung zur Vielfalt«. Sie schreibt: »Die Betrachtung des Lebens als autopoietisches System (der Begriff stammt aus dem Griechischen: auto = selbst und poiein = machen, und bezeichnet die ständige Selbstproduktion des Lebendigen) weicht von der üblichen biologischen Lehre ab. Manche Autoren biologischer Lehrbücher tun so, als existiere ein Organismus unabhängig von seiner Umwelt; die Umwelt kommt nur als unveränderlicher, lebloser Hintergrund vor. Organische Wesen und ihre Umwelt sind jedoch miteinander verwoben. Boden beispielsweise ist durchaus nicht leblos. Er ist ein Gemisch von Gesteinstrümmern, Pollen, Sporen, Pilzfäden, Cysten von Ciliaten, Bakterien und Nematoden und anderen mikroskopisch kleinen Tierchen oder ihrer Teile. ›Die Natur‹, so beobachtete Aristoteles, ›schreitet nach und nach von leblosen Dingen zum Leben der Tiere voran, und zwar so, dass man die Grenzlinie unmöglich genau feststellen kann.‹«[7]

Jede Überheblichkeit gegenüber der Natur, sei es »nur« gegenüber der Erde oder gegenüber der Pflanzen- und Tierwelt, ist also unangebracht. Leben ist heilig, wo immer es wirkt. Das Wissen darum hat sich in guten und liebevollen Gärtnern tief verankert, es ist die Grundlage ihrer Arbeit.

Daher hat der Gartenzaun verschiedene Funktionen. Es ist ganz klar, dass wir damit unser Stück Land, unser Besitztum gegen Übergriffe von anderen Menschen schützen. Wir schützen ja etwas sehr Wertvolles, nämlich unsere Nahrung, die oft im Garten angepflanzt wird, aber auch die Blumen und Bäume, die uns Freude machen. Nicht zuletzt steht im Garten meistens auch unser Haus, das wir instinktiv verteidigen wie unsere »Haut«. Es geht uns also um grundlegende, materielle, existenzielle und gefühlsmäßige Werte. Der Gartenzaun oder eben die Einfriedung schützt aber auch den ganz intimen Raum, in dem wir Bescheidenheit und Respekt vor der Natur und vor der göttlichen Schöpferkraft lernen und leben können. Dann schützt die Begrenzung in der horizontalen, irdischen Ebene die »vertikale« Beziehung zwischen Mensch und Kosmos, zwischen Mensch, Natur und Gott. Von diesem Sinn des Gartenzauns sprechen wir weniger oft.

Der Zaun beschützt so den Raum, wo die Seele des Menschen der Gartenseele begegnen und mit ihr verschmelzen kann. Diese Verbindung mit dem ganz Anderen bringt für den Menschen eine tief empfundene Erfahrung des Göttlichen, die sich in seiner Seele einpflanzt. Der äußere Garten bekommt einen inneren Bruder – den Seelengarten. Dieser Selengarten stellt einen heiligen Raum dar, weil er nicht mehr nur dem materiellen »Haben« dient, sondern auch dem innerlichen »Sein«.

Der Zaun oder die Mauer machen auf diese Weise aus einem Stück Land, symbolisch gesehen, ein Gefäß, das eng verwandt ist mit dem hermetischen Gefäß der Alchemisten. In diesem wurde die Ausgangsmaterie gekocht, bearbeitet und in hohe Werte, in »Gold« gewandelt. Der Alchemist war bemüht, mit der Veredlung der äußeren Materie gleichzeitig auch die inneren, geistig-seelischen Werte zu verfeinern und zu kultivieren. Er verband in einem ganzheitlichen Prozess die äußere, konkrete Arbeit mit innerer Erkenntnis und Entwicklung. Dasselbe tun auch die echten Gärtner, sie sind dann die Alchemisten im Garten-Gefäß.[8] Wie sich das Werk der Alchemisten zwischen der äußeren, greifbaren Welt und der inneren, seelischen Welt hin und her bewegte, so tut es auch die Arbeit des Gärtners oder der Gärtnerin.

Nach meiner Erfahrung mit »Gartenmenschen« bewirkt das äußere Tun, das Sein und Meditieren im Garten auch eine Belebung und Entwicklung des seelischen Lebens, und umgekehrt wirkt sich, wie wir im letzten Kapitel dieses Buches sehen werden, die Arbeit im inneren Garten auch auf das äußere Leben eines Menschen aus. Ich meine, es gibt keinen nur äußeren oder nur inneren Garten, der Garten ist immer eine Zwischenwelt, ein Seelen-Garten.

Doch wenden wir uns nun noch einmal den realen Gärten zu und der Art und Weise, wie unsere Vorfahren ihre Grundstücke in Besitz nahmen. Es zeigt uns nämlich, dass für unsere Ahnen weder der Boden ein unbelebtes Objekt (Spekulationsobjekt sagt man heute) noch die Einfriedung ein totes Lattenobjekt war. Es gab unzählige Rituale zum Schutz der Grenzzäune, denn in ihren Vorstellungen war die Natur belebt, und es bestand immer die Gefahr, dass böse Geister, Dämonen, Hexen (man nannte sie auch Zaunreiterinnen)[9], Krankheiten und viele andere widrige Wesenheiten in den Garten eindringen konnten. Diese Gefahren mussten durch magische Handlungen fern gehalten werden, um den Frieden im Inneren des Zaunes zu erhalten.

Hier möchte ich eine kleine, alltägliche Geschichte aus dem heutigen Leben einflechten, die zeigt, wie lebendig diese Rituale auch heute noch sind:

Zwei kleine Mädchen, ein knapp dreijähriges blondes Pferdeschwanzmädchen und ein vierjähriges braunes Lockenköpfchen, sitzen im Garten ganz nahe am Gartenzaun. Durch den Zaun hindurch schauen sie hinunter ins kleine Tobel, wo ein Bächlein fließt, und in den nahen dunklen Wald. Plötzlich kommen beide schreiend ins Haus gerannt: »Ein Wolf! Ein Wolf! Im Wald ist ein Wolf!«

Die Großmutter will sie beruhigen und geht mit den beiden in den Garten. »Wo ist denn der Wolf? Ich kann ihn gar nicht sehen?« »Da! Da! Im Wald!«, schreien die Kleinen. »Aha«, sagt die Großmutter, »aber zwischen euch und dem Wald ist ja der Gartenzaun. Und im Garten drin ist unser Hund, der beschützt euch doch.« Die Mädchen lassen sich beruhigen. Kurz darauf sieht die Großmutter die beiden wieder an derselben Stelle ganz nahe am Gartenzaun sitzen und hört sie eifrig über etwas reden. Leise geht sie näher heran und lauscht. Sie hört, wie sie sich gegenseitig immer wieder sehr ernsthaft versichern, dass der böse Wolf eben doch da sei im Wald, der Wald aber auf der anderen Seite des Zaunes sei. Auf der inneren Seite des Zaunes, also im Garten drin, sei auch ein Wolf, nämlich der Hund. Der aber sei ein lieber Wolf. So seien sie (die beiden Mädchen) in Sicherheit, weil der liebe Wolf sie vor dem bösen Wolf beschütze.

Am Abend dann beim Schlafengehen sagt die kleine Blonde zur Großmutter: »Gell, unser lieber Hund beschützt mich vor dem bösen Wolf, und der ist ja auch außen vom Gartenzaun.« Neben dem lieben Hund zählt sie auch noch eine ganze Reihe weiterer »Schutzengelchen« auf, die ihren Schlaf beschützen werden, aber am wichtigsten sind doch der gute Hund und der Gartenzaun.

*

Es versteht sich von selbst, dass das kleine Erlebnis im Garten für die Kinder eine große Bedeutung hatte. Es wäre sinnlos gewesen, den Kindern die Existenz des bösen, dunklen Wolfs auszureden, denn selbst so kleine Kinder wissen, dass es das Böse und das Dunkle im Leben gibt. Einerseits kennen sie schon den Wolf als die Verkörperung des Bösen aus den Grimmschen Märchenbüchern.[10] In »Der Wolf und die sieben Geißlein« steht der Wolf ganz klar als böse und dunkel im Gegensatz zu den weißen, lieben (wenn auch etwas zu gutgläubigen!) Geißen. Und auch im »Rotkäppchen« zeigt sich, dass der Wolf böse, hinterlistig und verschlingend ist. Andererseits haben Kinder ja schon sehr früh eine Ahnung davon, dass es in der Welt etwas Dunkles, Angstmachendes gibt. Wie sonst könnten wir uns erklären, dass sie plötzlich ohne äußerlich erkennbaren Grund sagen: »Ich habe Angst!«? Die Angst kommt wie eine dunkle Wolke über sie und geht auch meistens schnell wieder vorüber. Und noch viel früher, bevor die Kleinen sprechen können, geht manchmal ein kurzer Schatten über ihre Gesichtchen, wie von einer inneren Ahnung um etwas Dunkles.

Darum können wir unseren Kindern nicht weismachen, es gäbe das Böse und Dunkle nicht. Wenn sie aber erkennen, dass der Haushund, den sie kennen und lieben, das gute Gegenstück zum bösen Wolf darstellt und dass der bekannte Garten vom unbekannten, Angst machenden Wald durch den schützenden Gartenzaun getrennt ist, dann tut das ihrer noch so jungen Kinderseele wohl und lässt sie ruhig schlafen. Die magische Handlung, die die beiden Mädchen vor dem Bösen schützte (übrigens, auch Gartenzwerge können das ...), war das mehrmalige Wiederholen, dass der dunkle Wald mit dem bösen Wolf wirklich außerhalb des Zaunes sei und dass der liebe Hund sie wirklich beschütze.

Gehen wir nun zurück zu den Ritualen, die unsere Vorfahren zum Schutz ihrer Gärten und deren Grenzen ausübten: Der Garten oder das Stück Land mussten frei sein von negativen Kräften, weil es ja heilige Orte waren, ausgegrenzt aus dem profanen Chaos. Die alten Landnahmerituale und Grenzsetzungen waren deshalb heilige Handlungen. Sie wurden feierlich begangen und stellten damit den Garten bzw. das eingegrenzte Stück Land unter den Schutz und die Gnade einer Gottheit, die eine weit größere Macht darstellte und immer noch darstellt als unsere persönliche menschliche Macht. Oft errichtete man einen Altar oder brachte ein Grenzopfer.[11] Mit all diesen Ritualen und Handlungen wurde ausgedrückt, dass die Erde nicht dem Menschen gehört, sondern Gott und dass unser Garten eigentlich nicht unser Eigentum ist, sondern höchstens unser Besitz, den wir bearbeiten, hegen und pflegen dürfen, mit dem wir uns auch freuen oder trauern dürfen, dessen Gedeihen aber letztlich nicht nur in unserer Macht liegt.

Von dieser Haltung ist heute nicht mehr viel übrig geblieben. Wir tun, wie wenn die Erde uns gehörte. Oft versuchen wir den äußeren Garten, unseren

inneren Garten und auch den Seelengarten anderer Menschen zu beherrschen. Es gibt viel Liebloses und Unbedachtes im Bereiche der »Gärten«. Doch trotz Lieblosigkeit und Machtgebahren meine ich, dass es auch heute noch ein numinoses Erlebnis ist, wenn man ein Stück Land betritt, das man eben gekauft hat oder im Begriff ist zu kaufen. Zu wissen: »Das ist mein Boden, hier kann ich ein Haus bauen und einen Garten anlegen«, löst in den meisten Menschen ein ganz tief gehendes, ursprüngliches Glücksgefühl aus. Auch ein Kind fühlt sich glücklich und stolz, wenn es von den Eltern ein Gärtchen im Garten bekommt, das ihm ganz allein gehört. Wenn es gräbt, pflanzt und gestaltet, steht dahinter symbolisch gesehen genau dasselbe Gefühl der Weltschöpfung, wie es die Erwachsenen haben, wenn sie ihren Garten anlegen. Das schöpferische Gestalten des eigenen Lebensraums wird wohl immer ein Numinosum bleiben, weil darin ein Fünklein der großen Schöpfung aufleuchtet.

In diesem Zusammenhang erinnere ich mich an den zauberhaften Garten einer Freundin, der, nicht viel größer als ein Wohnzimmer, mitten in einer riesigen Großstadt liegt. Sie zeigte mir Bilder von diesem Stückchen Land, als sie es übernahm. Eine Mauer und eine Art Bretterwand waren da zu sehen. Sie umfassten ein Stück Erdboden, einige Trittplatten und wenige vernachlässigte Pflanzen. Von einem wirklichen Garten war nur die Umgrenzung vorhanden. (Siehe nebenstehende Abbildungen.)

Heute aber ist es ein kleiner Paradiesgarten: Efeu, Rosen und Clematis klettern an Mauer und Bretterwand in die Höhe. Büsche bilden mit ihren vielgestaltigen Blätterformen und Grüntönen den Hintergrund für die leuchtenden Farben der verschiedensten Blumen, die das ganze Jahr hindurch blühen. Nicht vergessen werden auch die Vögel, die mit ihrem Gesang den Garten zum Klingen bringen. Sie trinken aus einem kleinen, romantischen Brunnen. Meine Freundin arbeitet im Garten oder verweilt in Muße auf einer kleinen Gartenbank. Beides bringt ihr Ruhe, Freude und Regeneration der Lebenskraft, die sie für ihre Arbeit und die Bewältigung der Großstadtunruhe braucht. Auch die »Vertikale« ist in diesem Gärtlein mit einbezogen: Ein wenig entfernt hinter der Gartenmauer ragt ein Kirchturm in die Höhe und zeigt dorthin, wohin ja auch die Blumen wachsen – gegen den Himmel. Deren Wurzeln jedoch wachsen in die Erde hinunter, die von der grünen Fee, meiner Freundin, nicht vergessen, sondern bearbeitet, gegossen und genährt wird. Sie hat sich im Einklang mit der Natur und mit sehr viel Liebe eine kleine, ganz persönliche Welt voller Zauber erschaffen.

Viele mittelalterliche Abbildungen zeigen kleine Gärten, die aussehen wie ein geflochtener Korb voller Blumen. Das Flechtwerk der Körbe wird ja nach demselben Prinzip gearbeitet wie die geflochtenen Zäune. So steht in meiner Vorstellung das Gärtlein meiner Freundin wie ein Korb voller Blumen in der steinigen, grauen Landschaft der Stadt.

Zum Schluss dieses Kapitels möchte ich noch entlang einer kleinen Traumserie eines zwölfjährigen Jungen zeigen, welche Bedeutung der Garten und vor allem der Gartenzaun für die seelische Entwicklung eines jungen Menschen haben können. Nennen wir ihn Peter.

Er träumte, im Hause seiner Eltern gäbe es noch weitere Räume, die er bis jetzt noch nicht kannte. Dabei erlebte er im Traum sein Elternhaus so, wie er es seit zwölf Jahren gekannt hatte. – Einige Monate später träumte er, er hätte sich auf der Wiese hinter dem Haus seiner Eltern ein eigenes Haus gebaut, das aber noch durch eine Brücke mit dem Elternhaus verbunden war. Nach wiederum einigen Monaten träumte er, die Brücke zwischen seinem Haus und dem Haus seiner Eltern sei verschwunden, und das Grundstück, auf dem sein Haus stand, sei mit einem starken Zaun eingegrenzt worden. In dem eingezäunten Land stand nun sein Haus, umgeben von einem prächtigen Garten voller Blumen und Tiere.

*

Auf die beiden ersten Träume möchte ich nur kurz eingehen, um mich dann vor allem auf das Motiv des Gartens und des Gartenzauns zu konzentrieren.[12]

Offensichtlich war für Peter das ihm bekannte Elternhaus zu eng geworden, und er suchte nun nach neuem Raum und neuen Entwicklungsmöglichkeiten in seinem Leben. Da kam ihm der Traum zu Hilfe und sagte: »Es gibt neue Räume, du kennst sie nur noch nicht.« Die Ankündigung oder das Finden von bisher unbekannten Räumen in einem Haus ist ein recht häufiges Traummotiv. Es steht in Beziehung zu den verbotenen Zimmern in den Märchen, die nicht betreten werden dürfen, mit Sicherheit aber doch betreten werden. Die verbotenen Zimmer *müssen* betreten werden und die unbekannten Räume *müssen* gesucht werden, denn in den verbotenen oder unbekannten, *leeren* Räumen will sich neues Leben manifestieren, genau dasjenige Leben, das im Märchenhelden oder im Träumer Raum finden *muss*, um erkennbar und gelebt werden zu können.

Was sich in den unbekannten Räumen in Peters Traum befand, erfahren wir im zweiten Traum. Das Traumbild zeigt Peters Elternhaus, daneben Peters eigenes Haus und dazwischen eine Verbindungsbrücke. Das eine Haus ist verbunden mit dem anderen Haus, wie der eine Körper mit dem anderen. Ist es das Bild der Mutter, die durch die Nabelschnur mit dem neugeborenen Kind verbunden ist? Also ein Bild für die natürliche Geburt? Nein, es ist eine andere Art von Geburt, denn Peter sagt ja, er hätte sich im Traum sein Haus selber gebaut. Es ist ein aktives Hinausgehen aus dem Seelenhaus der Eltern hinüber in sein eigenes, selbst gebautes Haus. Dies bedeutet für ihn den beginnenden Übergang in ein Leben, für dessen Gestaltung er nun selber verantwortlich sein wird.

Bei Peters drittem Traum ist die verbindende Brücke zum Elternhaus verschwunden. Dafür hat er einen Zaun um seinen Garten errichtet, der sein Land von demjenigen der anderen Menschen abgrenzt. Von seinem Unbewussten her zeigt sich hier früh eine Entwicklung zur Eigenständigkeit hin. Eigentlich sagt Peter mit seinem Traum: »Bitte lasst mich in Frieden und respektiert meine Persönlichkeit.« Doch gegen was muss er sich denn schützen? Gegen Angreifer von außen oder wilde Tiere? Sicher nicht, möglicherweise aber gegen gedankenlose, vielleicht sogar gut gemeinte Übergriffe seiner Familie oder seiner Freunde.

Oft nehmen Erwachsene sehr wenig Rücksicht auf den Seelengarten ihrer Kinder; man kann auch sagen, dass sie die Seelenwelt ihrer Kinder gar nicht

richtig wahrnehmen. Wahrscheinlich so wenig wie ihre eigene! Doch wachsen im »Gärtchen« der Kinder schon sehr früh die vielfältigsten Lebensgefühle, die wir sehr wohl vergleichen können mit Gewächsen in unserem realen Garten. Da wachsen schüchterne, kleine Mauerblümchen, treuherzige, blauäugige Vergissmeinnicht, stolze, strahlende Sonnenblumen oder zärtliche Veilchen und wunderschöne, duftende Rosen, die sich aber kratzbürstig mit ihren Dornen schützen. So viele Gefühle und Regungen wachsen im Seelengarten, ist es da nicht richtig, dass Peter einen schützenden Zaun darum erstellt? Ganz besonders in seinem Alter, der beginnenden Pubertät, beginnen im Seelengarten die verletzlichsten Blumen zu wachsen, die Gefühle zum anderen Geschlecht. Sie gehören zum Schüchternsten und Persönlichsten eines jungen Menschen und dürfen nicht durch »Trampeltiere«, wie indiskrete Fragen oder lächerlich machende Bemerkungen, zerstört werden.

Darüber hinaus ist es ganz grundsätzlich wichtig, dass junge Menschen eine klare, stabile Grenze zwischen ihrer psychischen Persönlichkeit und der Welt der anderen und des Anderen errichten. Gerade sie werden oft von äußerlichen Vorstellungen überwuchert, und auch ihre inneren Träume und Phantasien sprengen gern die Grenzen des Möglichen.

Doch auch Erwachsene haben noch Schwierigkeiten mit ihren Grenzen, auch bei ihnen wächst viel »Kraut« über oder unter dem Zaun durch. Erst im Laufe des Älterwerdens, so scheint es mir, tritt die Quantität der »Pflanzen« im Seelengarten zugunsten der Qualität zurück. Es wuchert nicht mehr so wild und grenzenlos in der Seele, das innere Wachstum in der Horizontalen verlangsamt sich. Die Seelenpflanzen wachsen dafür oft mehr in die Tiefe und in die Höhe, dem Himmel entgegen. Auch der Gartenzaun wird nicht mehr so sehr gebraucht, er darf nun ruhig alt und etwas windschief werden. Man könnte ihn vergleichen mit den alten, etwas zittrigen Armen eines Menschen, die nicht mehr so viel äußeres Leben umfassen müssen.

Die alten Menschen erfahren vielleicht, was Carl Gustav Jung ganz am Ende seiner Lebenserinnerungen schreibt: »So ist das Alter – also eine Beschränkung. Und doch gibt es so viel, was mich erfüllt: die Pflanzen, die Tiere, die

Wolken, Tag und Nacht und das Ewige in den Menschen. Je unsicherer ich über mich selber wurde, desto mehr wuchs ein Gefühl der Verwandtschaft mit allen Dingen. Ja, es kommt mir vor, als ob jene Fremdheit, die mich von der Welt so lange getrennt hatte, in meine Innenwelt übergesiedelt wäre und mir eine unerwartete Unbekanntheit mit mir selber offenbart hätte.«[13]

3
Der Seelengarten

Vom äußeren Garten zum inneren Garten

Um das Verständnis für den innerseelischen Raum, den ich Seelengarten nenne, zu vertiefen, möchte ich noch einmal auf einige Aspekte des äußeren Gartens zurückkommen. Gärten sind in den allermeisten Fällen in enger Verbindung mit den dazugehörenden Häusern angelegt. Manchmal liegen sie zwischen dem Haus und der freien, unberührten Natur, in städtischen Gegenden jedoch öfter zwischen dem eigenen, bekannten Haus und dem Gebiet der fremden Gärten, Häuser und Straßen. In jedem Fall jedoch stellt der Garten einerseits den Raum zwischen den Gegensätzen von Bekanntem und Unbekanntem, Erbautem und Gewachsenem dar, andererseits ist er auch ein Zwischen-Raum, wo sich die Gegensätze von Kultur und Natur, Geplantem und Natürlichem verbinden.

Ohne das planende Bewusstsein des Menschen gibt es keinen Garten – aber ohne die Natur, die Pflanzen und Tiere auch nicht. Der Garten ist das Neue, ein – man könnte sagen – von allen geliebtes Kind, das aus der Vermählung von

Natur und Kultur hervorgeht. Es ist ein Kind mit tausend Gesichtern, das sich den Menschen in seiner ganzen Vielfalt offen zeigt und doch seine Geheimnisse nie ganz preisgibt. Es ist uns Menschen verwandt, denn wir geben viel von unserem Wesen hinein. Und doch ist es uns auch überraschend und fremd, seine Naturseite stellt für uns das ganz Andere dar, das wir nur staunend annehmen, aber nicht eigentlich verstehen können.

Dieses »Garten-Kind« stellt seinem Wesen nach, ob äußerlich konkret oder innerlich symbolisch betrachtet, immer in irgendeiner Weise eine Zwischenwelt dar. Sehr schön sieht man am Modell der mittelalterlichen Stadt Cluny in Frankreich die Lage der Gärten zwischen den Bürgerhäusern, die sich entlang der Straße aufreihen, und den großen, zusammenhängenden Feldern außerhalb der Gärten.[14] In den mittelalterlichen Städten der Schweiz und anderer Länder Europas kann man dasselbe Muster noch heute erkennen. Die Häuser werden direkt von der Gasse her betreten. Hinter den Häusern erstrecken sich dann die langen Gärten und hinter denselben entweder das freie Feld oder andere, fremde Gärten, Häuser und Gassen.

In den Stadtteilen der neueren Zeit betritt man von der Straße her zunächst einen kleinen Vorgarten, der wiederum einen Zwischenraum zwischen Straße und Haus bildet. In diesem kleinen Gartenraum zeigt sich dem Besucher zum ersten Mal das »Gesicht« der Hausbewohner, vielleicht noch nicht in seiner ganzen Intimität, aber doch schon wie ein erstes freundliches Lächeln bei der Begrüßung. Möglicherweise ist es aber auch eine repräsentative Maske, die vorgeschoben wird, haben doch Vorgärten und Vordereingänge von Häusern oft etwas Unpersönliches und Steifes an sich: »Man zeigt doch nicht gleich sein wahres Wesen!«

Diese abweisende Haltung ist aber nicht die Regel. Sehr ansprechende, meist liebevoll gepflegte Vorgärten kann man beispielsweise in London vor den langen Reihen viktorianischer Wohnhäuser sehen. Zusammen mit den Eingangstüren, die sich, obschon alle die gleiche Form haben, jedoch durch ganz individuelle Farbanstriche voneinander unterscheiden, geben diese Vorgärten bereits einen gewissen Einblick in das Wesen ihrer Bewohner. Es sind freundliche Gartenräume, die zu einer ersten Begegnung einladen. Erst später, wenn die Besucher zu Freunden geworden sind, werden sie in den verborgenen Garten hinter dem Haus geführt.

Anders wiederum breitet sich bei fürstlichen Anlagen der meist weiträumig angelegte, großartige Garten zwischen dem Schloss und dem zum Schloss

gehörenden Wald aus. Der Garten bildet den Raum zwischen dem Haus, das ein Zeugnis einer bestimmten Kulturepoche ist, und der unberührten Natur. Er ist dann geordnete, man könnte sagen domestizierte Natur. Der Garten des Schlosses Vaux le Vicomte[15] zum Beispiel ist kein intimer, persönlicher Lebensraum, sondern kollektiver Ausdruck der damaligen grandiosen Geisteshaltung. Die Pflanzen werden in architektonische Formen gezwungen, die somit eine Fortsetzung der Schlossarchitektur darstellen. Solche Gärten lassen der Natur wenig Eigenleben, sie werden dem ästhetischen, formalen Empfinden der Zeitepoche ganz untergeordnet. Derselbe Geist, wir nennen ihn Zeitgeist, in welchem das Haus errichtet wurde, führte auch die Hand, die den Garten plante und anlegte.

Denken wir auch an die so genannten »Parterres«, die Gärten mit noch strengerer formaler Linienführung und Bepflanzung, die speziell in Frankreich in ganz kleinen, bürgerlichen oder aber in grandiosen, fürstlichen Maßstäben angelegt und kultiviert wurden (zum Beispiel Chateaux de Villandry[16]). Wie verschieden ist doch die Beziehung der Menschen zur Natur in diesen Gärten von derjenigen in den englischen Gärten, wo den Pflanzen viel Raum gegeben wird, damit sie sich nach ihrem Wesen entfalten können. Zugegeben, ein Parterre-Garten im französischen Stil kann sehr reizvoll und charmant sein und kommt vor allem unserem menschlichen Ordnungssinn außerordentlich entgegen. Aber von der Bepflanzung her gesehen hat diese Ordnungs»liebe« doch etwas leicht Vergewaltigendes.

Da ist das Verhältnis zu Blumen, Büschen und Bäumen in den so genannten englischen Gärten ein ganz anderes. Der menschliche Formungswille tritt dort in den Hintergrund zugunsten einer Bezogenheit auf die lebendige Eigennatur der Pflanzen. In diesen beiden Arten der Gartengestaltung zeigen sich grundlegende Unterschiede in der seelisch-geistigen Einstellung der Gartenplaner und Gärtner zur Natur.

Wenn wir nun zu einem symbolischen Verständnis der Dreiheit »Haus – Garten – freie Natur« kommen wollen, kommen wir nicht umhin, noch einmal genau hinzuschauen, was den Garten vom Haus oder von der großen, ungezähmten Natur mit Wiesen, Wäldern, Bergen und Seen unterscheidet.

Ein Haus ist ein fest gefügtes, dauerhaftes, geschlossenes Gebäude, eine von Menschen für Menschen erschaffene Kulturschöpfung. Wenn Kleider für den Menschen die zweite Haut darstellen, so ist das Haus die dritte Haut – eine starke, feste Haut, die ihn schützt vor Wind und Wetter, aber auch vor anderen Gefahren. Das Haus bildet für den Menschen einen Innenraum, der ihm Geborgenheit und Ruhe gibt, ihn aber auch abschließen kann gegen die Außenwelt. Wichtig ist auch, dass das Haus durch das Dach gegen den Himmel und durch den Kellerboden gegen die Erde geschlossen ist. Es ist, wie ich bereits erwähnte, rundherum eingehüllt mit einer Haut.

Das Haus symbolisiert daher oft den menschlichen Körper. Beispielsweise zeigt die Redensart »Er ist nicht ganz richtig im Oberstübchen«, dass das Hirn mit dem obersten Stock des Hauses verglichen wird. Oder denken wir an den Unterschied zwischen Estrich oder Dachboden und Keller: Im Estrich (auf dem Dachboden), im Kopf des Hauses, ist es trocken, der Wind, den wir oft mit Geist gleichsetzen, streicht durchs Gebälk. Dort bewahren wir meistens geistige Dinge auf wie »Erinnerungen«, alte Bücher, Bilder, Fotografien, Kleider, die alte Zeiten heraufbeschwören, u.a.m. Im Keller, im Bauch des Hauses, hingegen ist es kühl und etwas feucht, gerade richtig zum Lagern von Nahrungsmitteln und Wein.

Vielleicht spazieren Sie, liebe Leser, nun in Gedanken in Ihrem Haus oder dem Haus Ihrer Eltern oder Großeltern herum und erinnern sich an Kisten voll mit längst vergessenen Dingen oder an Gestelle voller Äpfel, verstaubter Flaschen und säuberlich beschriebener Einmachgläser. Die vergessenen Dinge werden Ihnen vor Ihrem inneren Auge erscheinen, also im Kopf, der Inhalt der Flaschen und die leckeren Früchte eher Ihre Magengegend anregen.

Man kann also ein Haus symbolisch sehr wohl als Bild des ganzen Menschen sehen, manchmal hat es, wie gesagt, mit dem menschlichen Körper zu tun, aber doch mehrheitlich mit seiner Bewusstseinsstruktur, weil es immer mit dem Zeitgeist und dem jeweiligen technischen und künstlerischen Wissen und Können der Erbauer und Bewohner verbunden ist. Man muss in Erinnerung halten, dass ein Haus eben nicht einfach eine Naturhöhle ist, auch nicht einfach ein schützender, mütterlicher Bauch, sondern ein bewusst von Menschen errichtetes Gebäude. Selbst die kleinste Hütte wird mit Händen und »Köpfchen« gebaut.

Wir reden auch von Gedankengebäuden oder geistigen Strukturen, da auch bei Überlegungen und gedanklichen Systemen eine Ordnung und Stabilität wünschenswert ist, sonst sind es eben Luftschlösser. Äußere und innere Gebäude wachsen nicht natürlich heran wie ein Baum, sondern werden bewusst erbaut. In seinen Lebenserinnerungen schreibt C.G. Jung im Zusammenhang mit einem seiner bedeutenden Haus-Träume: »Es war mir deutlich, daß das Haus eine Art Bild der Psyche darstellte, d.h. meiner damaligen Bewußtseinslage ...«[17]

Das Haus hat daher nicht nur real, sondern auch im übertragenen Sinn, zum Beispiel in unseren Träumen, mit Kultur, mit Zeitgeist, mit einer bestimmten *Bewusstseinshaltung* oder *Bewusstseinslage* zu tun. Dazu möchte ich einige Beispiele geben:

Wenn wir träumen, in einem prächtigen Renaissance-Schloss ein Fest zu feiern, dann sehnen wir uns vielleicht nach einem sinnenfreudigen, prunkvollen Erlebnis, das sich im Geiste des florierenden Handels, des Reichtums, der blühenden Geisteswissenschaften und der großartigen Malerei und Architektur der Renaissance abspielt. Auf jeden Fall befinden wir uns im Traum in den geistigen Strukturen der Renaissance-Fürsten.

Oder wir ziehen uns zurück in ein kleines so genanntes »Bahnwärterhäuschen«. Dann haben wir vielleicht genug von unserem ausgedehnten, turbulenten Haushalt und suchen die Beschränkung, die Einfachheit, die Stille. Bekommt dieses Häuschen in unseren Träumen, Phantasien (oder in der Realität) die Form einer Zelle und öffnet sich auf einen kleinen, ummauerten Garten, einen »hortus conclusus«, dann befinden wir uns, symbolisch gesehen, in klösterlicher Abgeschiedenheit, an einem Ort für die Suche nach Erkenntnis und Erleuchtung. Unser Lebensraum konzentriert sich auf das Allernötigste und Wesentlichste, auf einen Urraum, nämlich einen gerade genügend großen Innenraum, das Häuschen für die Suche nach innen, und einen Außenraum, das Gärtchen, um auch das »Andere«, das nicht in unserer Person liegt, zu erforschen und zu erkennen. Ich meine nämlich, dass sich die Suche nach Selbsterkenntnis, Welterkenntnis oder nach Gotteserfahrung nicht nur nach innen richten darf, sondern sich auch dem Anderen, dem Äußeren, dem »Du« zuwenden muss.

Die beiden Räume stellen auch zwei zwar gegensätzliche, aber grundlegend zum ganzheitlichen Menschen gehörende Körper- oder Seelenbewegungen dar: Die eine rollt sich ein, zieht sich zur Verinnerlichung zurück, die andere öffnet sich nach außen, streckt die Arme, Hände und das Gesicht zum Himmel und zum Licht empor. Mit derselben Bewegung des Sich-Öffnens und -Emporstreckens gehen ja auch die Blumen und Pflanzen im kleinen Gärtchen dem Licht entgegen. Das Haus hingegen wiederholt die einhüllende, sich nach innen wendende Bewegung. Beides ist auch wie ein Öffnen und Schließen der Augen, Blick nach innen und Blick nach außen.

Einer der wesentlichen Unterschiede zwischen einer Gefängniszelle und einer Kartäuserzelle liegt daher wohl im Gärtchen, das zur Klosterzelle gehört. Denn es ist vermutlich eine der schlimmsten Strafen für Menschen, wenn man ihnen mit dem Blick nach außen den Himmel und die Natur wegnimmt. (Ob das überhaupt eine hilfreiche Strafe sein kann, bezweifle ich sehr, denn es gibt wohl nichts, das die Seele und den Geist der Menschen besser heilen und ins Gleichgewicht zurückführen könnte als die grünende, blühende Natur und die Größe des Himmels.)

Doch betrachten wir noch einmal die Gegenüberstellung von Haus und Natur und dem dazwischen liegenden Garten. Das Gegenstück zum Haus ist der gegen Himmel und Erde geöffnete, in der Fläche unbegrenzte Außenraum – die Natur mit ihren Wiesen, Wäldern, Wüsten, Seen und Flüssen u.a.m. Sie sind nicht von Menschenhand gemacht. Die Natur ist nicht statisch, fest gefügt wie die Häuser, sondern bewegt, in dauernder Veränderung begriffen. Sie lebt nach ihren eigenen Gesetzen und entzieht sich immer wieder dem Zugriff und der Beherrschung durch den Menschen. Die Natur entstammt einer Schöpferkraft, die an Weisheit, Schönheit, Großartigkeit und Schrecklichkeit unser menschliches Wissen und Können unendlich übertrifft. Obschon die Wissenschaften sich fortwährend um die Erforschung der Natur bemühen und auch schon sehr, sehr viel erkannt und bewusst gemacht haben, stellt die große freie

Natur für die Menschen immer noch das große Unbekannte dar. Symbolisch und vom Menschen her gesehen steht also die Natur als das große Unbewusste dem Haus als Schöpfung des menschlichen Bewusstseins gegenüber.

Zwischen der Weite der unbewussten Natur und dem Haus als Teil unserer Kultur liegt der Garten, eben dieser ganz besondere *Zwischen-Raum:* Er ist nicht nur Kultur und nicht nur Natur, er ist nicht Gebäude, aber auch nicht Wildnis, sondern er ist der *Raum dazwischen,* der diese Elemente miteinander verbindet. Auch Himmel und Erde oder die Oberwelt mit der Unterwelt verbindet er, denn er ist, wie gesagt, in der Vertikalen nicht geschlossen und begrenzt. Auch das Unveränderliche mit dem Veränderlichen, das Festgefügte mit dem Bewegten, zum Beispiel steinerne Treppen und Mauern mit wuchernden, lebendigen Gewächsen, verbindet er. Er ist das Gefäß, in dem die verschiedensten und gegensätzlichsten Elemente zusammenkommen und miteinander verbunden werden.

In ihm findet ein dauerndes Hin und Her statt zwischen dem planenden, bauenden, ordnenden, phantasierenden, liebenden oder hassenden Menschen und der Natur, die auf ihre Weise, gemäß ihren Regeln oder Unregeln antwortet. Je liebevoller der Mensch sich in das unbekannte Wesen der Natur einfühlt, desto harmonischer wird der Garten. Er stellt in seiner Ganzheitlichkeit einen Mikrokosmos dar und gibt dadurch dem einzelnen Menschen die Möglichkeit, im kleinen menschlichen Rahmen an der Größe der Schöpfung teilzuhaben.

Dieser Aspekt des Gartens führt mich zur Schöpfungsgeschichte in der Bibel, und damit zu einer anderen Dreiheit als »Kulturmensch – Garten – Natur«, nämlich zur »Gott – Mensch – Garten«-Dreiheit, wobei natürlich auffällt, dass jetzt Gott für die große Natur steht. Diese Verbindung der göttlichen Weisheit und der ungeheuren Schöpferkraft in der Natur ist mir sehr nahe – wie sonst könnte mir der Garten so sehr am Herzen liegen?

In der Schöpfungsgeschichte, Mose 1, Kap. 2, lesen wir: »Also ist Himmel und Erde geworden, da sie geschaffen sind zu der Zeit, da Gott Erde und Himmel machte. Und allerlei Bäume auf dem Felde waren noch nicht auf Erden,

und allerlei Kraut auf dem Felde war noch nicht gewachsen; denn Gott hatte noch nicht regnen lassen auf Erden, und es war kein Mensch, der das Land baute. Aber ein Nebel ging auf von der Erde und feuchtete alles Land. Und Gott machte den Menschen aus einem Erdenkloß, und er blies ihm ein den lebendigen Odem in seine Nase. Und also ward der Mensch eine lebendige Seele. Und Gott pflanzte einen Garten in Eden gegen Morgen und setzte den Menschen hinein, den er gemacht hatte.«[18] Weiter spricht dann die Bibel von den vier Strömen, die ausgehen von Eden. Das heißt, es gibt viel Wasser, viel Fruchtbarkeit. Daher gehört zu den meisten Gärten, die als kleine Nachbildungen des Garten Eden angelegt wurden, auch ein Brunnen oder eine Wasserstelle, von der vier kleine Bäche weggehen.

Dann aber sagt unsere Schöpfungsgeschichte, und das scheint mir sehr wichtig: »Gott nahm den Menschen und setzte ihn in den Garten Eden, damit er ihn bebaue und bewahre.« Hier lesen wir, dass Gott aus Erde einen Körper schuf, einen Innenraum sozusagen, der von Gott mit Hauch, Lebenshauch oder, wie die Bibel sagt, mit Seele erfüllt wurde. Und dann schuf Gott einen Außenraum, den Garten, in dem sich Pflanzen und Tiere und das Leben des Menschen entwickeln konnten, und der vom Menschen beschützt und kultiviert werden durfte oder sogar musste.

Zweimal wurde Raum geschaffen, einmal – wie ich es sehe –, um der menschlichen Seele einen Wohnort zu geben, und ein zweites Mal, um der menschlichen Seele die Möglichkeit zu geben, mit der »anderen«, äußeren Natur in Beziehung zu treten, um auf diese Weise den Garten und sich selbst zu entwickeln und zu kultivieren. Ein Garten des Eros also, der Bezogenheit nach außen und nach innen.

Man kann sich die Ursituation der Schöpfungsgeschichte auch so vorstellen, dass die Seele sich zwischen dem Erdenkörper beziehungsweise dem geschlossenen Erdenhäuschen und dem offenen Garten hin und her bewegt, gleichsam Inneres und Äußeres, Schau nach innen und Sicht in die Außenwelt miteinander verwebend. Diese Anordnung des beseelten Innen- und Außenraums erinnert uns noch einmal an die Klosterzelle mit Gärtchen. Dort wird im Inneren und im Äußeren, in der Innenwelt und in der Außenwelt, die göttliche Schöpferkraft wieder gesucht und auch erfahren, die von Uranfang an die Welt als Ganzes beseelt hat.

Mir scheint, dass diese Suche nach Rückverbindung zum göttlichen Ursprung in unserer Seele wie auch in der Welt einen Weg darstellt, den wir in der Jungschen Psychologie den Prozess der Individuation nennen. Individuation verstehe ich so: in Bezogenheit auf die Welt in uns und auf die Welt um uns zu dem Individuum zu werden, zu dem zu werden wir geschaffen wurden. Ein kurzer Satz und ein unendlich schwieriger und langer Weg. Der Weg des Werdens, der Wandlung und der Formung bewegt sich, so sehe ich es heute, fortwährend hin und her zwischen der Innenwelt, man kann auch sagen, zwischen unseren individuellen Anlagen und der Außenwelt, der Umwelt, dem Fremden, dem ganz Anderen, das wir dann letztlich Gott nennen.

Je länger wir diesen Weg gehen, desto mehr erkennen wir, dass das Außen und Innen nicht wirklich getrennt sind. Es scheint uns nur so, bis wir lernen, gleichzeitig mit einem Auge nach innen und mit einem Auge nach außen zu schauen. Das gibt dann jenen eigenartigen Blick, den ich meine, bei den spazierenden Menschen in den spanischen Gärten beobachtet zu haben, von denen ich in Kapitel 1 erzählte. Es sind also auch Gärten des Weges, der inneren und äußeren Arbeit, der Wandlung und Erkenntnis.[19]

Doch lassen wir diese Gedanken einen Moment lang ruhen. Wenden wir uns dem »kleinen Seelengärtchen« zu, jenem ganz kleinen Garten, den uns, wie ich die Bibel auslege, Gott schenkte. Sei es noch so klein – jedes Stück Erde, das wir »bebauen und hüten« dürfen, ist ein Geschenk, weil es uns mit dem ganz Anderen, das nicht zu unserem Ichbewusstsein gehört, in Verbindung bringt.

Ich wohnte einmal ein paar Jahre in einer Altstadt, hoch über den Dächern. Ich sah alte Ziegel, einen Kirchturm und Pflastersteine. Wie viel bedeuteten mir damals meine vier Balkonkisten, in die ich Blumen und Kräuter pflanzen konnte! Jede Pflanze ließ mich teilhaben am Geheimnis des Wachstums und des Welkens und an der Schönheit, Freude und Sinnlichkeit der Natur. Und wie es für mich war und immer noch ist, ist es sicher auch für Sie. Jede Pflanze lehrt uns Geduld und Beobachten, Staunen und Respekt, Freude und manchmal Trauer, und wenn sie in unserem Blumentopf oder Garten steht, verlangt sie von uns Liebe, Verständnis und Pflege. Sie kann uns Vertrauen in die Kraft der Natur und damit ins Leben schenken. Lassen Sie sich nun ein wenig Zeit, und spüren Sie Ihrem

eigenen Verhältnis zu Pflanzen nach. Erleben auch Sie dieses Geben und Nehmen zwischen Ihnen und Ihren Pflanzen? Spüren Sie, welch große Lebenskraft von Pflanzen und Blumen ausströmt?

In diesem Zusammenhang möchte ich von einer kleinen unvergesslichen Begebenheit erzählen, aus jener Zeit, als ich therapeutisch noch mit Kindern arbeitete: Nach den Sommerferien kam ich zurück in meinen kleinen Praxisraum. Mit mir kam ein seelisch schwer verwundeter, kleiner, schüchterner Bub. Als wir den Raum betraten, entdeckten wir etwas Besonderes. Im Abfluss des alten, steinernen Waschbeckens hatte sich offensichtlich etwas Sand angesammelt und, woher auch immer, ein Sonnenblumenkern eingenistet. Aus ihm war über die Sommerferien eine kleine (wenn auch etwas blässliche) Sonnenblume gewachsen, die nun ihre kleine Blüte dem Licht entgegenstreckte. Mein kleiner Patient und ich waren sehr berührt und beeindruckt von der Kraft der kleinen Blume, die sozusagen »aus der Gosse« herausgewachsen war. Er nannte sie »seine Kraftblume«.

Doch gehen wir nun zurück in die großen Gärten und zu ein paar anderen Gedanken, die mich dazu beschäftigen. In unseren Gegenden liegen bekanntlich die Gärten meist um das Haus herum, das heißt, das Haus steht im Garten. Im Süden hingegen und in arabischen Ländern sind die Gärten oft hinter hohen Mauern versteckt oder sie liegen im Haus, das heißt, die Häuser wurden um den Garten herumgebaut. Diese versteckten Gärtchen oder Atrien sind vor den Blicken Fremder geschützt. Wir Mitteleuropäer öffnen meistens unsere Gärten für die Blicke der Vorbeigehenden. Häufig ist ein Spaziergang durch ein Dorf etwas Wunderschönes, das Augen, Nasen und Herzen erfreut. Im Süden und erst recht in arabischen Ländern wandern wir jedoch oft zwischen Mauern und Hauswänden und können die dahinter liegende Pracht nur phantasieren oder durch ein zufällig geöffnetes Tor oder einen über die Mauer hängenden Busch oder Baum erahnen.

Ob diese Unterschiede wohl auch etwas damit zu tun haben, wie nördliche und südliche Völker ihre Seelen öffnen und zeigen oder verschließen? Auf den ersten Blick scheint das Gegenteil der Fall zu sein. Wir würden doch sagen, dass die nördlichen Völker eher verschlossener und die Südländer offen und spontan sind, sozusagen »ihre Anima auf der Zunge tragen«. Wenn wir aber bedenken, dass bis vor einigen Jahrzehnten die meisten Häuser und Gärten von Männern geplant und gebaut wurden, so kommen wir wohl der Antwort erst dann näher, wenn wir nach »dem Gärtchen« in der männlichen Psyche suchen, um dann zu entscheiden, ob nördliche und südliche Männer verschieden damit umgehen.

Oft habe ich gehört, dass Männer ihre Liebste oder deren intimste Weiblichkeit ihr »Gärtchen« nannten. Wahrscheinlich meinen sie damit, dass ihre Liebste »ein Gärtchen« sei oder habe, in dem sie lustwandeln und »der Minne pflegen« können. Es könnte aber auch anders sein, nämlich, dass sie in der erotischen Beziehung zu ihrer Liebsten ihr eigenes »Naturgärtchen«, das heißt ihre Triebe, Emotionen und Gefühle pflegen und kultivieren können. Ich hoffe wenigstens, dass es so sei, dass Männer »ihre Gärtchen« zuerst bei sich selbst kultivieren, denn würden sie ihre Liebste als Garten sehen, den sie nach Lust und Laune bearbeiten und formen können, hätte ich gegenüber dieser »Gartenkultur« meine Vorbehalte ...

Wenn ich aber in Betracht ziehe, mit welch großer Liebe und Hingabe viele Männer ihren äußeren Garten anlegen, schützen und pflegen, besteht die Hoffnung, dass sie die inneren Gärtchen ebenso liebend kultivieren. Und wenn wir nun nachsinnen über die ungezählten zauberhaften und herrlichen Gärten, die – über die ganze Welt verstreut – von Männern angelegt worden sind, erkennen wir, dass dies herrliche Geschenke für die Menschheit sind, die wohl ihren Ursprung in einer reichen, kultivierten Gefühlswelt haben. Wie dann diese Gefühle in den Gärten »durch die Blume« den Mitmenschen gezeigt werden, ob grandios in pompösen Schlossgärten, freundlich in einfachen, bürgerlichen Stadtgärten oder zärtlich behütet in lieblichen Hofgärten, ist von ganz individuellen, auch von klimatischen Bedingungen und vom jeweils herrschenden Zeitgeist, der ja auch die Gefühlswelt und damit die inneren und äußeren Gärten beherrscht, abhängig. Wie individuell ein innerer oder äußerer Garten ist, erkennen wir daran, dass es wohl kaum zwei identische Gärten gibt. Und ebenso gibt es sicher auch keine zwei Seelengärten, die identisch sind.

Die Verbindung des Gartens mit der Welt der Gefühle bildet nun die Brücke hinüber zur Bedeutung, die ich der innerpsychischen Landschaft von Haus, Garten und großer Natur gebe. Wie bereits anfänglich in diesem Kapitel erwähnt, stellt für mich das Haus die bewusste Persönlichkeit eines Menschen dar. Die freie Natur oder die Umwelt jenseits des Gartens betrachte ich als das Fremde, das Andere, als die unbewusste Natur des Menschen. Dann wäre der Garten, wie wir sahen, der Raum dazwischen, zwischen dem Bewusstsein des Menschen und seiner unbewussten Natur. Er wäre der Ort der Begegnung zwischen beidem, der Ort des Austausches und der Verbindung, wo die unbewusste Natur bewusst gemacht, gewandelt und damit kultiviert werden kann.

Er ist auch der Raum, in dem sich die therapeutische oder persönlichkeitserweiternde, psychologische Arbeit abspielt, wo ein konstruktiver Dialog zwischen Bewusstsein und Unbewusstem (zum Beispiel Trauminhalten) angestrebt wird. Er ist aber auch ganz allgemein der Raum des Spiels und der Kreativität, denn gerade beim Spielen vermischen sich bewusste und unbewusste Elemente aufs Beste, und der schöpferische Mensch lässt seine Einfälle und Inspirationen aus dem Raum des Unbewussten in den »Garten« fließen. Dort nimmt er sie dann mit seinem Bewusstsein auf und gestaltet daraus etwas Neues.

Diesen Wandlungs- und Verfeinerungsvorgang im Mischgefäß des Seelengartens möchte ich noch ein wenig genauer beschreiben. Unbewusste Seiten des Menschen, die gewandelt und kultiviert werden müssen, finden sich vor allem in den Trieben, Emotionen, Gefühlen, Gedanken und den damit verbundenen inneren Bildern. Unser Seelengarten wird aus unzähligen kleinen und großen inneren Bildern zusammengesetzt, die – von Sinneswahrnehmungen und Gedanken geformt – die Träger von Emotionen und Gefühlen sind, man könnte auch sagen, die verwoben sind mit Gefühlen.

Soweit wir sehen können, sind diese energetisch geladenen Bilder in einer Art Urform entweder von Anfang an in den Kindern vorhanden oder sie formen sich sehr früh. Im Laufe des Älterwerdens entwickeln und verändern sie sich, und zwar immer in einer Wechselbeziehung zwischen der Innen- und der Außenwelt. Die Bilder und Gefühle kommen und gehen, blühen auf und verwelken wie Blumen. Einige werden gepflegt, verfeinert und kultiviert, bis sie zu bedeutenden seelischen Kraftquellen und zu bewusster Erkenntnis werden. Andere werden vernachlässigt, verwildern und fallen zurück ins Unbewusste.

Im Laufe des Lebens verändern und entwickeln sich die Bilder, im günstigen Fall werden die Emotionen »domestiziert«, die Gefühle verfeinert und differenziert. Es entsteht ein seelischer Reichtum, der einen Menschen nähren und durchs Leben tragen kann. Nicht nur er selbst wird dadurch belebt, auch seine Mitmenschen werden bereichert, beispielsweise durch schöpferische Werke, die ja sichtbarer oder hörbarer Ausdruck des Seelenreichtums sind. In diesem Augenblick verwirklicht sich dann das Bild aus der Bibel: Im Seelengarten sprudelt die Quelle des Lebens und verströmt sich in alle Richtungen.

Im negativen Fall verschwinden die inneren Bilder, die Gefühlswelt verödet oder versteinert, und der Seelengarten trocknet aus und wird zur Seelenwüste. Es gibt auch die Situation, wo ein Seelengarten sich verschließt und mit einer so hohen und dicken Mauer umgeben ist, dass die Mitmenschen nur an gelegentlichen Duftwolken erkennen können, dass irgendwo hinter den Mauern Gefühle blühen. Manch eine/r hat sich da schon, vom Duft verlockt, an den steinigen Mauern den Kopf eingerannt! Und wenn man dann endlich ein Löchlein in die Mauer gepickelt hat, erspäht man einen einzigen Dornenbusch der Angst und Abwehr, von dem aus vielleicht nur eine einzelne Rose verzweifelt ihren Duft in den Himmel und über die Mauer schickt ...

Normalerweise aber formen viele gefühlsgeladene, seelische Bilder die Ausstrahlung eines Menschen, sie gestalten sozusagen den ungreifbaren, aber spürbaren Seelengarten, das Energiefeld oder Fluidum, das das Körperhaus umgibt. Wie die Blumen und Bäume in unserem Garten das Haus umgeben und als Erstes den anderen zeigen, wer wir sind, so bilden auch der Ausdruck unserer Gefühle und unsere Emotionalität den verbindenden Raum zwischen den anderen und unserem eigenen Sein.

Von diesem Fluidum, das von der Seelenwelt eines Menschen ausgeht oder, um im Bild des Gartens zu bleiben, vom Duft und Klang eines Seelengartens fühlen wir uns angesprochen, abgestoßen, verzaubert, vernebelt oder solchermaßen angezogen, dass wir den Seelengarten des anderen entdecken möchten. Die Neugier und Lust dazu hätten wir oft, doch die Entdeckung eines fremden Seelengartens ist ein Abenteuer und kann auch große Angst auslösen. Dort wachsen nämlich viele, uns unbekannte Pflanzen. Das meiste ist uns fremd und unheimlich, und es braucht Mut, vorwärts zu gehen.

Doch auch der Besitzer dieses Gartens hat Angst, er fürchtet um seine Gewächse, lässt abschreckende Dornenhecken wachsen oder versucht, den Eindringling mit süß duftenden Blüten und giftigen Samen zu verwirren. Das heißt, er verhält sich abschreckend stachelig und aggressiv oder er versucht, den Eindringling mit süßem Getue und Gebärden oder mit hinterlistigen Reden zu verwirren. Andererseits, wenn jemand einem anderen Menschen seinen Seelengarten öffnet, zeugt es von innerer Sicherheit und Vertrauen – oder von großer Naivität. Man kann mit den Vergleichen zwischen Gärten und seelischen Befindlichkeiten unendlich spielen, und jeder wird sich seine eigenen Seele-Garten-Spiele ausdenken können.

Unterdessen sind wir aber schon bei der Verbindung von zwei Seelengärten angelangt (siehe auch Kapitel 6). Dabei stellt dann jeder Mensch für den anderen das fremde, unbekannte Element dar, das »Du« wird sozusagen zur Wildnis, zu dem, was unbekannt ist. Andere Menschen sind uns ja grundsätzlich fremd, und jeder schützt auch seinen Seelenbereich. Nur ganz langsam und vorsichtig können sich die beiden Seelengärten einander annähern, so dass es zu einer Verbindung kommt.

Einige Beispiele sollen diese Vorstellung veranschaulichen. Betrachten wir die Symbolik »bekanntes Haus – unbekannte Wildnis und dazwischen der Garten«, übersetzt in »bekannte, bewusste Persönlichkeit – die Welt des Unbewussten und dazwischen der Raum des Seelengartens«. Was geschieht in diesem Raum? Nehmen wir an, aus unserem Unbewussten tauchen undefinierbare, düstere Ängste auf. Sie sind wie hässliche, giftige Pflanzen, die aus der Wildnis durch oder über den Gartenzaun kriechen. Wir möchten sie loswerden, aber sie hängen wie Kletten an uns, lassen sich nicht einfach ausreißen oder abschneiden.

In diesem Fall kann man auch nicht die vergiftenden Ängste einfach selbst vergiften, wie man es im konkreten Garten mit den unerwünschten Kräutern vielleicht tun würde. Wahrscheinlich versucht man zuerst, die Ängste zu verneinen, sie nicht zu sehen. Man schaut in Nachbars Garten, nur um die eigenen Angstpflanzen nicht wahrnehmen zu müssen. Man tut dieses und jenes, um sie loszuwerden. Ohne Erfolg. Zuletzt nimmt man sie doch in den eigenen Garten hinein, das heißt, man nimmt sie näher zu sich, damit man sie betrachten kann. Denn es nützt ja nichts, wenn wir unsere Ängste vergiften wollen oder auf den Mist werfen. Sie überleben wie das schlimmste Unkraut.

Fragen wir uns aber, vor was wir uns wirklich fürchten, aus welchem Stoff unsere Ängste gemacht sind, so wie wir durch genaue Beobachtung das Wesen einer unbekannten, anfänglich gefürchteten Pflanze erforschen würden, dann nehmen sie allmählich erkennbare Formen an und können vielleicht verarbeitet werden. Genaues Beobachten bedeutet, sich unvoreingenommen, offen einer Sache oder einem Objekt zuzuwenden, so dass dieses zu uns sprechen kann bzw. uns sein Wesen zeigen kann. Dann entsteht eine Hin- und Herbewegung zwischen dem Ich und dem anderen bzw. zwischen dem Bekannten und dem Unbekannten. Dieser Wandlungsprozess geht im Gefäß des Seelengartens vor sich. Die unerwünschte Pflanze oder die schrecklichen Ängste werden uns langsam bekannt, verlieren ihre Macht über uns und können vielleicht sogar als ständige Bewohner in den Garten aufgenommen werden. Hier können wir sie nämlich auch unter Kontrolle halten.

Beim nächsten Beispiel handelt es sich um etwas Fröhlicheres, um eine kleine Liebesgeschichte. Da ahnt man schon, dass es um zwei Seelengärten geht, um zwei Persönlichkeiten mit einem gewissen Ichbewusstsein und um zwei Welten des Unbewussten.

Stellen wir uns einen jungen Mann vor, er heißt Retterich (der Name kommt nicht von »retten«, sondern von Rettich). Er kennt sich selber schlecht und recht, doch er weiß, dass eine Seelenwelt zu ihm gehört. Die Umwelt, besonders die weibliche, gibt ihm aber noch sehr viele Rätsel auf. Er spürt jedoch ein Sehnen in sich, es zieht ihn mächtig in jene Richtung, die bis jetzt für ihn noch unerforscht war. Retterich ist abenteuerlustig. Plötzlich weht ihm auf seiner Wanderschaft ein Duft entgegen wie von tausend Rosen, möglicherweise war es auch das alte Parfum »N'aimez que moi« oder vielleicht ein

anderes mit einem verheißungsvollen Namen, und er kann nicht anders, als dem Duft zu folgen.

Der lockende Duft führt Retterich zu einem kleinen Garten. Neugierig lugt er über den Zaun und findet den schönsten Blumengarten, den man sich vorstellen kann. Blumen blühen da, die noch viel schöner sind – oder doch mindestens ebenso schön – wie die Blumen auf den herrlichen Stillleben, wie sie die alten, holländischen Meister gemalt haben. Oder wie sie leicht und verführerisch auf der Wiese und dem Kleid der »Primavera« auf Botticellis gleichnamigem Bild verstreut sind. Da wächst sogar eine Rose aus dem Mund der Nymphe Chloris.[20]

Retterich ist völlig verzaubert von dieser Überfülle an sinnenerfreuender Weiblichkeit, so dass er zuerst gar nicht sieht, dass auch ein kleines Haus und eine ganz reale, junge Frau im Garten stehen. Heißt sie Rosa? Oder Margerita? Veronika, Viola, Begonia? Vielleicht Jungfer im Grünen oder fleißiges Lieschen?

Unglaublich, wie viele Frauennamen es gibt, die einen Bezug zu Blumen haben. Nein, eigentlich ist es nicht unglaublich, sondern ganz natürlich. Frauen und Blumen gehören zusammen. – Da habe ich kürzlich von einem kleinen Traum gehört, der etwas dazu sagen kann.

Ein Frau träumte, sie befinde sich vor einem alten, ländlichen Gebäude im Süden. Auf einmal kamen über den Hof zwei Menschen gegangen, eine einfache, kleine Bäuerin und ihr Mann. Die Frau trat zur Träumerin und reichte ihr mit einer schönen Geste eine kleine Glasvase mit einem Zweiglein Schleierkraut (Gypsophila) und mit der Bewegung des Gebens sagte sie: »Dal mio stemma.« – »Von meinem Stammbaum, von meiner Wurzel.« Die Träumerin freute sich sehr und fragte dann, warum sie dieses Geschenk bekomme. Darauf antwortete der Mann: »Perche le donne sono come le rose« – »Weil die Frauen wie Rosen sind«, und wie er das sagte, sah die Träumerin, dass er sehr sorgfältig eine kleine, rosa Rose in den Händen hielt.

*

Nennen wir die junge Frau im Zaubergarten also Rosa. Natürlich bittet sie Retterich in den Garten. Nicht gleich, aber doch nach einem einleitenden, die Türe öffnenden Wortgeplänkel. Sie zeigt ihm alle ihre Blumen, die Rosen, die Nelken, Veilchen, Zinnien, Tagetes, Sonnenblumen. Das Schleierkraut, die Cosmeen, die Mädchenaugen, die Salvien und die nach Zimt und anderen Gewürzen duftenden Sterngladiolen. Retterich ist völlig verzaubert, all die Blumen, Farben, Formen und Düfte sind ihm so fremd, genau so fremd wie die Verspieltheit und Selbstverliebtheit der jungen Frau. Irgendwo klingt in ihm aber doch eine Saite an; kennt er das nicht alles auch? Gab es da in seinem Seelengarten nicht auch schon kleine Ecken mit Blumen und Sommervögeln?

Nichts würde ihn mehr freuen, als für immer bei diesem Blumenmädchen wohnen zu dürfen. Aber Rosa ist ebenfalls neugierig. Sie möchte nun Retterichs Garten kennen lernen. Sie hofft darauf, bei ihm neue, nie gesehene Blüten und

Büsche anzutreffen. Hoffnungsvoll und beschwingt macht sie sich auf den Weg, er begleitet sie ein bisschen zögerlich, denn irgendwo ahnt er, dass sein Garten vielleicht nicht ganz ihren Erwartungen entsprechen wird. So ist es denn auch. Wo sind die zarten, pastellfarbenen und leuchtenden Blumen? Wo die Schmetterlinge? Der verführerische Duft?

Retterichs Garten ist nämlich ein Nutzgarten. Da wachsen Ruebli (Karotten), Gurken, Rettiche, Bohnen (die sich zwar seit Wilhelm Busch sehr gut zum Schäkern eignen[21], aber sie sind auch sehr hoch wachsend und ehrgeizig) und auch Kartoffeln, Kohlköpfe und andere lebenserhaltende Gemüse. In einer Ecke wächst auch saftiger Klee für die Kaninchen, aber was hat denn Klee schon an Schönheit zu bieten?

Zuerst ist Rosa fasziniert von der Andersartigkeit dieses Gartens, die vielen sehr männlichen Gemüse ziehen sie an. Mehr und mehr ist sie aber enttäuscht und entsetzt über den Garten Retterichs. »Männliche Seelengärten sind einfach nur rational, langweilig und aufs Nützliche ausgerichtet«, schimpft sie. Würde sie etwa Viola heißen, würde sie vielleicht die Schönheit in den Karotten und Kohlköpfen sehen und sie in ihren Blumenstrauß einbinden, so wie es heute viele Floristinnen tun. Nicht so Rosa. Sie sträubt ihre Dornen und denkt: »Dieser Retterich. Ich werde ihm schon zeigen, wie frau einen richtigen Garten anlegt. Dann wird schon noch ein rechter Mann aus ihm werden.«

Ja, und dann nimmt das alltägliche Unheil seinen Lauf. Rosa arbeitet eifrig in Retterichs Garten, pflanzt Blumen und blühende Büsche, sät, schneidet, wässert, ohne zu merken, dass bald nur noch sie in Retterichs Garten arbeitet. Er hat sich langsam zurückgezogen. Alles ist ihm zu schnell, zu fremd, zu fordernd. Sein Garten, der nicht mehr wirklich der seine ist, interessiert ihn nicht mehr so sehr, er pflanzt jetzt seine Gurken in die Eternitkübel eines Großraumbüros. Er war ja verzaubert worden von *Rosas* Gärtchen. Wo ist es denn nun hingekommen? Vertrocknet ist es, verödet und langweilig geworden, weil Rosa alle Energie auf seinen Garten – oder besser, *ihren* Garten in *seinem* Gartenzaun verwendet hat.

Kraut und Rüben und Rosen und Lilien, alles geht jetzt durcheinander – aus ehemals zwei verschiedenen, aber sehr reizvollen Seelengärten wurde eine Seelenwüste und ein verfremdeter Seelengarten. Weder Rosa noch Retterich haben noch Lust, sich gegenseitig in ihren Gärtchen zu besuchen. Sie schauen über neue, fremde Gartenzäune, suchen sich den Duft der Rosen im Gartenkatalog und kaufen ihr Gemüse im Supermarkt. Manchmal jedoch denkt Rosa leise wehmütig zurück an Retterichs Bohnen und Rettiche, die eben doch viel besser geschmeckt hatten. Und Retterich sehnt sich immer noch nach Rosas »unnützlichen« Blumensträußen, die keinen anderen Zweck verfolgten, als Freude zu machen.

Die Geschichte könnte sich aber auch anders entwickeln, nämlich, dass beide sich zurückerinnern an das, was sie einstmals selber hatten, und an das, was sie im Gärtchen des anderen so fasziniert oder eine gute Zeit lang ganz konkret ernährt hatte. Sie würden dann zurückkehren in ihren eigenen Seelengarten und nachdenken. Er, ob er ohne die spielerischen, verführerischen, erotischen Gefühle, die Blumen symbolisch ausdrücken, leben möchte, und sie, ob sie ohne die ernährenden, bodenständigen Gemüse, nämlich die realitätsbezogene, sachliche Tatkraft, überleben kann.

Von jetzt an ist die Geschichte kein Märchen mehr, sondern eine ganz alltägliche Beziehungsgeschichte. Keiner der beiden hat den Garten des anderen mit der genügenden Vorsicht und der nötigen Liebe betreten. Beide haben nicht beachtet, dass der Garten eigentlich nur die Zwischenwelt ist zwischen ihm oder ihr selbst und dem anderen. Dieser andere ist aber ein Fremder, in dessen Seelenstruktur sie sich langsam und mühsam einfühlen müssen.

Die erste, gegenseitige Anziehung wird von der Natur listig bewerkstelligt, indem sie den Geliebten oder die Geliebte mit genau dem faszinierenden Seelengarten umgibt, den er oder sie sich selber gerade wünscht. Jeder phantasiert dann in den anderen Wunder und Rosen hinein, sieht in ihm sich selbst. Man nennt das Projektion. Diese List der Natur ist, wie mir scheint, nützlich oder sogar notwendig, um zwei Menschen überhaupt zueinander zu bringen.

Aromi
Spugnole
Asparagi
Cavaillon
100GR 3.–
Asparagi
California
al Kg 16.–
Carciofi
1.20

Ohne diese gauklerische Möglichkeit der Projektion wären sich die Menschen vielleicht zu fremd oder hätten zu viel Angst voreinander. So malt die listige Hexe Natur mit einem dicken Pinsel herrlich farbige Seelengarten-Wunschbilder um die Fremde oder den Fremden, die so verzaubernd sind, dass man sich sogleich heftig in sie verliebt.

Zwischen dem Wunschbild und dem wirklichen Gärtchen des anderen zu unterscheiden ist später harte Arbeit. Ebenso harte Arbeit ist es, den Wunschgarten innerhalb des eigenen Gartenzauns zu gestalten, damit man ihn nicht immer wieder bei einem anderen Menschen suchen muss. Rosa wird lernen müssen, neben tanzenden und duftenden Blumen auch Gemüse zu pflanzen, damit sie beim Tanzen und Spielen nicht verhungert. Retterich muss auch Blumen pflanzen, damit er seine Gefühle mit den eigenen Sträußen ausdrücken kann und nicht immer zu Rosa rennen muss, wenn er jemandem ein Sträußchen winden will.

Jeder pflegt nun seinen eigenen, vollständigeren Garten. Wird das nicht schrecklich langweilig? Brauchen sich Rosa und Retterich überhaupt noch? Ich meine schon. Denn jetzt können sie einen dritten Garten anlegen, einen gemeinsamen, der nur ihnen beiden gehört, einen Liebesgarten, wo sie für ihn tanzt und er für sie kocht – oder umgekehrt.

4

Spaziergang im Garten zwischen Morgen und Abend

Von Rosen und Nelken – vom Blühen und Welken

In meiner Jugend verbrachte ich zusammen mit meinen Geschwistern, Cousinen und Cousins die Sommerferien in einem paradiesischen Garten bei unseren Großeltern auf dem Lande – ein Paradies allerdings, in dem es viel Arbeit gab und in dem wir Kinder auch mithelfen mussten. Beim Frühstück las Großvater jeweils die Zeitung, bis die kleinen Meisen kamen und ihn störten. Sie wussten, dass er immer Pinienkerne bei sich trug, und sie spielten ihr Spiel mit ihm, bis sie den letzten Kern aus seiner Hand gefressen hatten. Dann stand er auf und sagte zu mir: »Komm, wir gehen in den Garten!« Ich wusste genau, wohin er

gehen wollte – hinüber zum Gartenhaus, wo die vielen kleinen Nelken blühten und von weitem betörend dufteten. Und so ging ich als kleines Mädchen mit dem großen Großvater durch den Garten und lernte dabei sehr vieles über Blumen, Kräuter und Bäume. Sein Lieblingsbaum war ein knorriger, wunderschöner Quittenbaum, dessen Bedeutung mir erst viele Jahre später klar wurde, nämlich als er mir im Traum erschien.

In diesem Traum stand ich wieder im Garten meiner Großeltern. Das Wohnhaus wurde gerade niedergerissen, der Garten aber blieb bestehen. Meine Aufgabe war es, den Quittenbaum meines Großvaters und die Sammlung von Zeichnungen von kranken Kindern, die er während seiner Zeit als Arzt am Kinderspital angelegt hatte, zu erhalten.

*

Dies träumte ich gute 35 Jahre nach den morgendlichen Spaziergängen mit meinem Großvater. Der Traum war außerordentlich wichtig für mich. Er wird uns später, in Kapitel 8, noch einmal begegnen. An dieser Stelle ist es mir vor allem wichtig, darauf hinzuweisen, wie früh sich in den Kindern bedeutungsvolle Erlebnisse festhängen, die dann später, im Erwachsenenalter, in den Bildern unserer Träume wieder auftauchen und Wege weisen, die offenbar schon viel früher vorgezeichnet wurden. Das Muster in unserem Lebensteppich wird sehr früh angelegt, nur haben wir oft lange nicht die richtigen Augen, es auch zu sehen.

Mein Großvater war wie gesagt Arzt und liebte die Natur wegen ihrer Schönheit und ihrer Heilkraft. Er hatte eine tiefreligiöse Beziehung zur Natur, für ihn manifestierte sich Gott vor allem in der Natur, so sagte er mir, und das verstand ich erst viele Jahre später, als ich kein kleines Mädchen mehr war und er ein sehr alter Mann. Die Spaziergänge mit meinem Großvater prägten jedoch von früher Kindheit an ganz entscheidend meine Beziehung zur Natur und mein Interesse an den Zusammenhängen in der Pflanzen- und Tierwelt und in Körper, Seele und Geist des Menschen.

Das gemeinsame Beobachten, Lernen und Arbeiten im Garten von Eltern oder Großeltern und Kindern scheint mir von ganz großer Bedeutung zu sein. Es genügt nicht, dass ein Kind eine »gute Mutter« erlebt in seiner leiblichen Mutter oder einer Bezugsperson. Um echtes Vertrauen in die Welt zu entwickeln, muss ein Kind auch eine gute Beziehung bekommen zur Erde, auf der es steht, sowie zu seiner näheren und weiteren Umwelt. »It needs a whole village to rise a child« – »Es braucht ein ganzes Dorf, um ein Kind aufwachsen zu lassen«, sagt eine sinnreiche amerikanische Redewendung. Vertraut zu sein mit den Menschen, Tieren, Bäumen und Pflanzen seiner Umgebung, übrigens auch mit dem Lauf der Sonne, des Mondes und der Sterne, trägt entscheidend zur Orientierung, Sicherheit und Verwurzelung eines Kindes in der Welt bei, im Leben überhaupt.

Als Beispiel dafür, wie wichtig der Übergang von der Beziehung zur persönlichen Mutter zur Beziehung zur großen Mutter Natur ist, möchte ich auf die achtjährige Maria hinweisen, deren therapeutischen Prozess ich in meinem Buch über die Sandspiel-Methode »Heilende Bilder der Seele«[22], beschrieben habe. Maria hatte im Laufe der Therapie eine sehr starke Bindung zu mir entwickelt, man könnte sagen, dass ich für die Zeit der Therapie eine Art Zweitmutter für sie geworden war. Diese starken Gefühle für mich lösten sich gegen Ende der Therapie langsam auf, indem Maria in den letzten Stunden instinktiv den Weg in den Garten, in die Natur suchte. Dies gab uns die Möglichkeit, gemeinsam das Wesen der Pflanzen, Vögel, Schmetterlinge und all der anderen kleinen Lebewesen im Garten zu beobachten und dadurch eine Beziehung zu ihnen aufzubauen. Die Gefühle und das Vertrauen in mich ging so auf die Natur, diese »größere Mutter« über. Das Gefäß unseres gemeinsamen Wirkens wurde geöffnet, Maria trat vertrauensvoll hinaus in das größere Gefäß der Mensch-Natur-Beziehung. Wo hätte dieser Übergang besser geschehen können als im schützenden Raum des Gartens?

Darum ist es sehr schön, wenn Eltern sich die Zeit nehmen, den Kindern das Wesen der Natur nahe zu bringen, nicht nur, indem sie ihnen deren Schönheit und Kraft zeigen, sondern auch, indem sie ihnen ihren Anteil an der langweiligen und mühsamen Gartenarbeit *nicht* abnehmen, sondern die Kinder im Garten mitarbeiten lassen. Auf diese Weise lernen die jungen Menschen, dass hegen und pflegen, umgraben, jäten und wässern Zeit und Geduld brauchen, aber am Ende Früchte bringen. Wer gelernt hat, die Natur zu schätzen und zu verstehen, das heißt einen Garten mit Liebe zu kultivieren, wird niemals auf die Idee kommen, das Leben sei ein Paradiesgarten, wo einem die Blumen einfach so entgegenduften und die Früchte von selbst in den Mund fallen. Mit wie viel Mühe und Schwierigkeiten müssen doch Erwachsene später lernen, von Größenphantasien auf den Boden herunterzukommen und einzusehen, dass eine fruchtbare Beziehung zur Realität mit viel Zeitaufwand und kleiner, erdiger Arbeit verbunden ist!

Das erinnert mich an die erdnahe, uralte Schildkröte, für mich eines der bedeutungsvollsten Tiersymbole. Die Schildkröte geht langsam, aber zielstrebig und instinktsicher vorwärts. Sie ist ein vielfältiges Symbol. In verschiedenen Mythologien ist sie die Schöpferin oder Trägerin der Welt[23], sie hat also eine ganz große, archetypische Bedeutung. Wenn sie aber in den Träumen oder Phantasien eines Einzelnen erscheint, bedeutet das nach meiner Erfahrung meistens, dass in diesem Menschen ein ganz realitätsbezogener, erdnaher, stabiler Prozess in Gang gekommen ist, der ihn zwar langsam und bescheiden, aber doch stetig und unbeirrbar einem Ziel, zum Beispiel einer neuen Entwicklung entgegengehen lässt.[24] Dieses ganz langsame, unprätentiöse Schritt-um-Schritt-Vorwärtsgehen, »chi va piano, va sano« sagen die Italiener, überfordert weder die Schildkröte noch die Menschen. Auf diese Art lassen sich auch große Aufgaben angehen und bewältigen, wie eben zum Beispiel das Bearbeiten und Erarbeiten eines Gartens.

Gehen auch wir vorwärts – zum Ziel des Spaziergangs im großväterlichen Garten, zum Beet voller Nelken. Hier durfte ich, weil meine Nase noch näher am Duft und meine Augen noch näher an der Farbenpracht der Nelken waren, eine besonders schöne Blüte auswählen, die dann mein Großvater ins Knopfloch steckte. Eigentlich war es ein kleines erotisches Spiel, das die liebevolle Beziehung zwischen dem alten Mann und dem kleinen Mädchen ausdrückte. Für mich bahnte sich, wie ich schon sagte, mit dieser kleinen Blume als Symbol eine ganz wichtige spätere Entwicklung an, für meinen Großvater war sie wohl eine kleine, duftende »Gefühlsblume«.

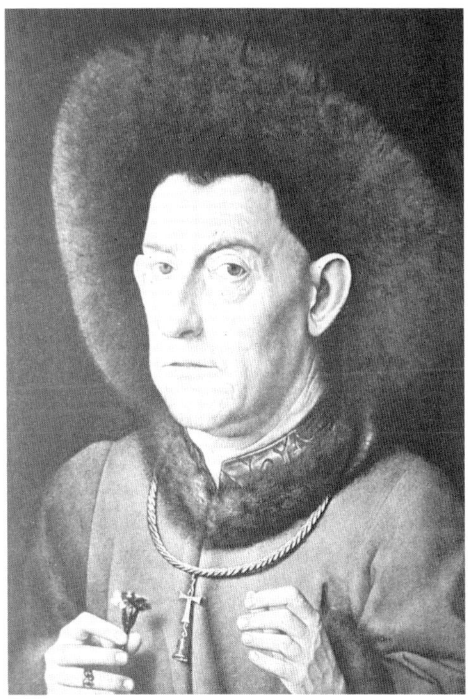

Zur Illustrierung der Nelkensymbolik möchte ich erinnern an die verschiedenen Bilder alter Meister, die Männer darstellen, welche eine Nelke in der Hand halten: zum Beispiel an das Bild

»Der Mann mit den Nelken« von Jan van Eyck[25]. Wir sehen einen nicht sehr anmutigen, eher grobschlächtigen Mann mit einem zierlichen, winzigen Nelkensträußchen in der Hand, das ihm einen rührenden Hauch von Charme gibt.

Oder das »Bildnis des Kaufmanns Georg Gisze« von Hans Holbein dem Jüngeren: Dieses Bild zeigt den Kaufmann Giesze an einem Tisch sitzend. Neben anderen Objekten steht vor ihm auf dem Tisch eine Kristallvase mit einem Sträußchen von Nelken, Rosmarin, Ysop und einer einfachen, gelben Blume. Die Pflanzen weisen symbolisch auf Eigenschaften und Tugenden des Dargestellten hin: Liebe, Treue, Reinheit und Bescheidenheit. Besonders die Nelken als symbolische Anspielung auf Liebe und Treue lassen vermuten, dass das Porträt anlässlich der Verlobung Gieszes mit Christine Krüger in Auftrag gegeben wurde.[26] Es wäre demnach ein Verlobungsbild, und die Nelken würden der zukünftigen Gattin die Gefühle ihres Verlobten übermitteln. Die duftenden Blumen waren Botschafter der Seele, genau so wie sie es auch heute noch sind, wenn wir »durch die Blume«, mit den variantenreichsten Blumensträußen unsere Gefühle ausdrücken.

Es gibt auch ein Märchen der Gebrüder Grimm, das heißt »Die Nelke«. In dieser Erzählung findet – oder besser erobert – ein junger Mann in der magischen Welt – wir könnten auch sagen: in der Welt der Imagination, wo alles möglich ist – seine Liebste. Zu einem gewissen Zeitpunkt der Geschichte möchte er sie heimführen ins reale Leben aufs Schloss seines Vaters. Er bittet sie, mit ihm zu kommen. Sie will nicht. Er fleht sie an, sie weigert sich erneut. Da verwandelt er sie kurzerhand in eine Nelke, steckt sie in seine Tasche und macht sich auf den Weg. Zu Hause angekommen, erzählt er der Tafelrunde seine Erlebnisse in der anderen, magischen Welt, unter anderem auch, dass er eine Liebste gefunden habe. Man lacht und glaubt ihm nicht. Da zieht er die Nelke aus der Tasche, stellt sie auf den Tisch, und siehe da – sie verwandelt sich zurück in eine wunderschöne junge Frau.[27]

Wir wissen ja, dass Blumen sehr viel mit Liebe und Gefühl zu tun haben, und es gab eine Zeit, da waren ganz besonders Nelken die Botschafter der Liebe. Heute sind Nelken nicht mehr so beliebt, man hat sie zu dick und zu pompös gezüchtet. Aber die kleinen herrlich duftenden, die im Garten des Großvaters in allen Farben blühten, die haben es immer noch in sich!

Diese kleine Nelkengeschichte trägt Hoffnung in sich, Hoffnung auf einen schönen, glücklichen Sommertag. Meinen Großvater umspielte dann wohl der Duft der Nelke bei seiner trockenen, wissenschaftlichen Schreibarbeit. Heute denke ich: »Oh ja, der eine hat seine Nelke im Knopfloch, die andere ihre Tasse Kaffee auf dem Schreibtisch.« So baut sich jeder seine kleine Freudenbrücke zur mühsamen Arbeit.

Die Nelkengeschichte berührte den Morgen, die Zeit des Neubeginns und der Hoffnung. Im Jahreslauf gesehen, würde sie zum Frühling gehören. In der griechischen Mythologie wurde der Zyklus des Jahres durch drei Aspekte der großen Göttin verkörpert. Der *Frühling*, verglichen auch mit dem wachsenden Mond, gehörte der jungfräulichen Göttin Selene.[28] Zu ihr gehört die Farbe Weiß. Ich sehe ihr Wesen beispielsweise in einem blühenden Kirschbaum verkörpert, in den hellen, zarten, wässerigen Frühlingsblumen, oder auch im hoffnungsvollen, lichten Grün der jungen Linden- und Birkenblätter. Bezogen auf das Menschenleben ist es die Zeit der Jugend, eben jene Lebensphase, wo sich die ersten, noch zarten, doch hoffnungsvollen Muster im Lebensteppich zeigen.

Der Mittag, der *Sommer,* der Vollmond und die Lebensphase der sexuell voll erblühten Frau sind die Zeiten der Göttin Aphrodite oder Venus. Zu ihr gehören das feurige, leidenschaftliche Rot, die voll erblühten Rosen, die farbenprächtigen, duftenden, erotischen Sommerblumen und Früchte.

Ginette Paris sagt in ihrem herrlichen Buch »Aphrodites Wiedergeburt. Plädoyer für eine lustvolle Spiritualität«: »Daß Aphrodite, die Göttin sexueller Liebe und Schönheit, auch die Göttin der Blumen ist, zeigt wieder einmal, wie sehr das innere Erleben der Mythen unser Denken klären kann: Sind nicht Blüten die schönsten Sexualorgane der Welt? Groß ist die Zahl der Bilder, die das weibliche Genitale mit Blumen vergleichen, vor allem mit der rosafarbenen

Rose, der berauschend duftenden, die mit ihren weitgeöffneten Blütenblättern der Zartheit des Fleisches ähneln. Um die Zugehörigkeit der Rose zum Mythos Aphrodites zu vervollständigen, sei angefügt, daß schmerzhafte Dornen zu ihr gehören; sie deuten die Gefahren beim Pflücken an, das Leiden, das mit jeder sexuellen Leidenschaft einhergeht.«[29]

Und weiter unten spricht mir Ginette Paris fast ganz aus dem Herzen: »Ob wir uns mit Blumen beschäftigen oder prächtige Gärten anlegen, ob wir lieben oder uns ›schön machen‹ – es sind alles Formen der Verehrung Aphrodites. Gärten drücken die Sinnlichkeit einer Kultur aus, eine Art Sinnlichkeit, die all denen, die auf Grund ihrer Erziehung oder ihres Alters das Ausleben der Sexualität ablehnen oder die Möglichkeit dazu verloren haben, den Vorteil der Angstfreiheit gewährt.«[30]

Dieser Aspekt des angstfreien Auslebens der Sinnlichkeit ist im Garten sicherlich gegeben, er ist ja dank seiner »Einfriedung« ein geschützter Ort. Auch sind Pflanzen an sich friedlich und können gleichzeitig äußerst lustvoll sein. Deshalb eignen sich Blumen und Früchte bestens zum Erleben einer angstfreien Sinnlichkeit. Aber nicht nur. Verbirgt sich nicht noch viel mehr hinter ihrer Anziehungskraft? Der Sinnlichkeit, der Schönheit und der Freude, diesen aphrodisischen Kräften im Garten möchte ich, weil sie einen so großen Anteil am Gartengenuss haben, das nächste Kapitel widmen.

Doch vorerst wende ich mich einer anderen Erinnerung zu, die den Abend, das Ableben und eine leise Trauer in sich trägt. Abnehmender Mond und dunkler Leermond, die Farbe Schwarz, *Herbst und Winter,* mit den tiefen leuchtenden Farben der Herbstblumen und der Melancholie des vergehenden, modrigen Herbstwaldes – sie passen zur alten Frau und zur Hexe, zur Göttin Hekate.[31]

Dazu gehören meine Erinnerungen an »Die Rosen der Großmutter«: Im selben Garten, wo ich am Morgen für meinen Großvater die Nelke pflückte, begleitete ich einige Jahre später jeweils am Abend meine Großmutter zu den Rosen. Im Gegensatz zum Großvater, der bei den morgendlichen Spaziergängen einen kecken Strohhut nach der Art von Maurice Chevalier aufhatte, trug die Großmutter einen weichen Strohhut mit sanft nach unten geschwungener Krempe. Sie nahm einen großen Korb und eine Gartenschere und ging zu der langen Rosenhecke. Sorgfältig und geduldig schnitt sie alle verwelkten Blüten weg und warf sie in den Korb. Dabei gab es viel Zeit, mit ihr zu plaudern, vor allem aber viel Zeit und Ruhe, um mit ihr zu *sein*. Ich machte dort die Erfahrung, dass das schweigende Zusammensein oder Zusammen-etwas-Tun sehr starke Gefühle der Zusammengehörigkeit und Verbundenheit wachsen lässt. Oft werde ich heute an dieses Gefühl der inneren, tiefen Verbundenheit im schweigenden Zusammensein erinnert, wenn ich Menschen, die zu mir in die Praxis kommen, auf ihrem seelischen Weg begleite.

Bei meiner Großmutter lernte ich dieses ruhige Sein am Abend an der Rosenhecke oder wenn wir gemeinsam andere Arbeiten verrichteten. Ich lernte auch, dass Verwelktes und Krankes sorgfältig entfernt werden muss, damit die Pflanze ihre ganze Kraft auf die neuen Blüten verwenden kann. So wie sehr viele andere Stimmungen, Ereignisse und Arbeiten im Garten auf das menschliche Seelenleben übertragen werden können, können wir auch hier sagen, dass das seelische Loslassen und Wegschneiden von alten, überfällig gewordenen Verhaltensweisen zu Gunsten von neuen psychischen Impulsen sehr wichtig ist. Und deshalb müssen wir manchmal mit einem kräftigen Schnitt der seelischen Gartenschere alte, längst nicht mehr notwendige Minderwertigkeitsgefühle und Verlassenheitskomplexe wegschneiden, damit Energien für neue Lebensaufgaben frei werden!

Die Weisheit der alten Frau bestand darin, dass sie durch die Jahre hindurch gelernt und erfahren hatte, dass die einzelne Rose verblüht, zerfällt, zu Kompost und Erde wird, die Pflanze aber junge Knospen treibt und aufs Neue erblüht.

Wie wichtig es ist, diesen Prozess zu begreifen, zeigt eine Begebenheit aus meiner Praxis. Eine meiner Patientinnen, die immer und immer wieder auf ein schuldhaftes Verhalten in ihrem Leben zurückschaute und dadurch immer wieder in dieselbe tiefe, verzweifelte Depression fiel, träumte eines Tages Folgendes:

Sie ging auf einem Weg. Vor ihr lag ein lichter Wald im Sonnenlicht. Hinter und neben ihr ein Absturz in ein düsteres Bachtobel. Eine Stimme sagte: »Du musst jetzt vorwärts gehen.« Von diesem Tag an erkannte sie, dass diese Schuld wohl zu ihrem Leben gehörte, dass sie nun aber vorwärts blicken musste, um ihre Weiterentwicklung nicht immer wieder selbst zu verhindern.

*

Ein wichtiger Nebenzweig der Rosengeschichte darf nicht unerwähnt bleiben: Oft wurden von meiner Großmutter nicht nur verwelkte Blüten weggeschnitten, sondern sie gab uns Mädchen auch besonders schöne, voll erblühte, duftende Rosen – die samtenen, dunkelroten waren natürlich wegen ihres berauschenden Duftes besonders begehrt –, deren Blütenblätter wir in ein Schüsselchen voll Wasser legten und für einige Tage an die Sonne stellten. So entstand unser erstes Parfum, unser Rosenwasser.

Sie mögen über diese kindlich-weibliche Tätigkeit lächeln, doch stand dahinter natürlich auch die erwachend wahrgenommene Aphrodite, ebenso aber das uralte und heute wieder ganz moderne Wissen, dass aus Blüten und Kräutern einerseits Wohlduft, andererseits heilkräftige oder giftige Essenzen gewonnen werden können. Oft ist es nur die Frage der Quantität, die ein pflanzliches Heilmittel zum Gift werden lässt.

Ganz besonders interessant ist es für unser Thema der Verbindung zwischen Garten und Seele, dass sehr viele Blüten- und Kräuteressenzen nicht nur gegen körperliche Leiden verwendet werden, sondern auch die Seele beeinflussen bzw. als Getränk oder Salbe über den Körper auf Seele und Geist einwirken. Nehmen wir nur einige einfache Pflanzen wie Baldrian, Melisse oder Lavendel, die in Form von Tee oder Tropfen Körper und Psyche beruhigen. Oder die unzähligen Pflanzen, denen eine die Liebe stimulierende Kraft zugesprochen wird. Dabei lassen sich Heilmittel und Erotik nicht trennen, Fruchtbarkeitsmittel mischt sich mit Liebeszauber. Wie wir später sehen werden, gehören zu diesen Pflanzen die »harmlose«, alltägliche Petersilie, aber auch die Artischocke, der Ginseng, das Liebstöckel und neben vielen anderen auch der beliebte Spargel.[32]

Nicht vergessen dürfen wir natürlich die Rausch- und Giftgewächse, die wegen ihrer magischen, das Bewusstsein zum Guten oder zum Übel verändernden Kräfte die Pflanzen der Götter genannt wurden. Die wunderbaren, manchmal aber auch unheimlichen und zerstörerischen Kräfte dieser Pflanzen erschienen den Menschen immer schon als heilig oder dämonisch, auf jeden Fall nicht als alltäglich. In früheren, vielleicht verantwortungsbewussteren Kulturen, als wir sie heute haben, wurden diese Pflanzen mit sehr viel Respekt behandelt. Sie kamen ja von den Göttern! Zu diesem Thema gäbe es natürlich noch viel zu sagen, doch überlasse ich es meinen Lesern, sich im Kräuter- und Hexengarten genauer umzusehen.

Wichtig scheint mir zu wissen, dass der Mensch auch ein pflanzliches Leben in sich hat und zu den in den Blumen und Kräutern wirksamen Kräften eine Beziehung herstellen kann. Dass Pflanzen auch eine Seele haben, sicher nicht eine menschliche, aber eine Pflanzenseele, wurde schon im 13. Jahrhundert, der Zeit Kaiser Friedrichs II., von Albertus Magnus bejaht. Er, der Theologe, Naturforscher, Dominikaner und Bischof von Regensburg, war ein Verehrer Aristoteles', der zu seiner Zeit bereits der Meinung war, dass Pflanzen eine Seele hätten. Albertus Magnus hat ein großes botanisches Werk, »De Vegetabilibus«, verfasst, das philosophische Gedanken zur Pflanzenwelt und eine Einteilung von etwa 390 Pflanzenarten, von Bäumen über Sträucher, Stauden, Kräuter bis hin zu den Pilzen, enthält.

Einen interessanten und originellen Gedanken daraus möchte ich hier festhalten: Albertus meinte, die Pflanze gleiche einem umgekehrten Menschen, weil die Wurzel, der Mund der Pflanze, im Dunkel der Erde liege, abwärts gerichtet sei und durch Poren die herbeiströmende Nahrung passiv aufnehme. Die Wurzel sei auch das Herz der Pflanze, das dem aufgenommenen Saft Bewegung verleihe und erste Wärme gebe. Die Sonnenwärme unterstütze die schwache Eigenwärme der Pflanze und fördere Wachstum und Vermehrung. Es gebe gefräßige und enthaltsame Pflanzen, solche die schwitzen und leicht verfaulen.[33]

Das Bild der Pflanze als umgekehrter Mensch ist sehr ungewöhnlich. Oder ist vielleicht der Mensch eine umgekehrte Pflanze? Wie immer man das sehen mag – die Vorstellung lädt zum Nachdenken über die Beziehung zwischen Mensch und Pflanzenwelt ein. In jedem Fall ist es wichtig, über Blumen und Pflanzen, die in Träumen oder Märchen vorkommen, nicht einfach hinwegzugehen, sondern sich zu fragen: »Was ist denn das Wesen dieses ›Krautes‹, was will es mir sagen?« Nicht von ungefähr sitzt das Basilikummädchen im gleichnamigen Märchen im Basilikum. Und nicht ohne Bedeutung ist es, dass das Rapunzelkraut im Grimmschen Märchen »Rapunzel« in der ursprünglichen Fassung nicht der harmlose Rapunzelsalat war, sondern Petersilie, die je nach der Quantität ein Aphrodisiakum oder aber ein Abtreibungsmittel ist.[34] Im italienischen Märchen »Petrosinella«, »das Petersilienmädchen«, einer älteren, viel heitereren Variante des Rapunzelmotivs, können wir lesen, dass das Mädchen Petrosinella bei der Hexe im Turm auch etwas lernte. Offensichtlich war diese eine »Kräuterhexe«, was ja nichts anderes ist als eine Person, die sehr viel und sehr Genaues über das Wesen und Wirken von Kräutern weiß.

Von dieser Hexe hat Petrosinella gelernt, dass die Galläpfel, die sich im Turm befinden, magische Kräfte besitzen. Es scheint mir durchaus einleuchtend, wenn Sergius Golowin in seinem Buch »Die Magie der verbotenen Märchen«[35] schreibt, dass es sich bei den besagten »Galläpfeln« wahrscheinlich um

Stechäpfel, die Früchte der *Datura stramonium* handle. Die Samen dieser Früchte haben eine starke halluzinogene Wirkung, das heißt, sie verändern die Sicht der Realität. (Die Datura stramonium gehört auch zu den Pflanzen der Götter!) Das hatte Petrosinella gelernt und damit überlistete sie die Hexe, die sie hindern wollte, mit ihrem Liebsten aus dem Hexenturm zu fliehen. Petrosinella warf einen Gallapfel bzw. Stechapfel nach dem andern hinter sich, und sie verwandelten sich in einen »entsetzlichen korsischen Bullenbeißer«, in einen »furchtbaren Löwen« und in einen »Wolf«, der zuletzt die Hexe mit Haut und Haaren auffraß.[36]

Diese Variante des Märchens ist nicht nur viel amüsanter und lebensfreudiger als die Grimmsche Fassung von Rapunzel, sie trägt darüber hinaus noch eine alte Weisheit in sich, nämlich dass Gleiches mit Gleichem bekämpft werden muss. Petrosinella lernte bei der Hexe das Hexen, das heißt den richtigen, effektvollen Umgang mit pflanzlichen Wirkstoffen.

Die Rosengeschichte hat mit der Großmutter begonnen und mit der Hexe geendet. Das ist schon richtig so, denn Großmütter haben oft etwas Hexisches an sich – das lange Leben bringt viel Wissen, auch um das Dunkle, Abgründige in der Welt mit sich. Die alte Göttin Hekate, die um alles weiß, was über und unter der Erde vor sich geht ... Etwas von ihr findet sich schon auch in den »Großmüttern«, denn hinter den heutzutage modernen, jugendlichen Großmüttern steht eben doch die gebieterische und auch Furcht erregende dunkle Frau, die hinüberführt in die unbekannte Nacht des Todes. Hier nimmt das Gedicht »Nachts im Garten« die dunkle Stimmung auf und führt vom Abend im Garten in die Nacht hinein. Die Zeit der sich langsam verdichtenden Dunkelheit hat einen ganz besonderen Zauber. Die weißen Blumen leuchten uns noch lange entgegen, die Düfte werden berauschend, fast feinstofflich greifbar, die Luft umhüllt uns wie ein geheimnisvoller Schleier, andere Laute erreichen unser Ohr – ein anderer Garten legt sich über das uns bekannte Bild.

Nachts im Garten

Schwarzer Garten in der Nacht,
leise knirscht der Kies beim Drübergehen.
Ein paar Sterne funkeln,
die meisten still,
zwei, drei mit aller Kraft.
Das Gras des Rasens duftet im Vorübergehn,
dann die Fliederbüsche, stark.
Später auch die entfernten Rosen,
derweil die Hand Buchshecken streichelt,
borstige Mäuerchen
und den Eibenhag berührt,
weich und ungeschnitten heuer.
Der Garten schläft und träumt doch laut.
Steht man still, hört man das Laub des nahen Waldes flüstern.
Ein Käuzchen ruft, dreimal:
»Gute Nacht, Freund der Göttin. Gute Nacht.«
Zeit zum Ins-Haus-Gehn also.

Zeit zum Schlafen und Träumen. Doch – lassen wir es wieder Morgen werden! Mit dem ersten Lichtstrahl zieht die Nacht ihren geheimnisvollen Schleier zurück, und wir sehen die Welt wieder mit – fast – klaren Augen. Und wenden wir uns nun erneut den Nelken und Rosen, Veilchen, Sonnenblumen, Mohnblumen und den unzähligen anderen Blumen zu, die die Welt verschönern. Blumen bedeuten Leben. Blumen haben eine Seele, jede Blumensorte eine eigene, ganz spezielle. Blumen sind weit mehr, als wir vielleicht annehmen wollen.

Wenn wir eine Blume sehr genau betrachten, so sehen wir, dass ihre Blütenblätter so durchsichtig zart, feucht und fast fließend sind, dass sie uns beinahe feinstofflich, elfenhaft vorkommen. Sie wiegen sich zwischen Erde und Himmel im Wind, sind beinahe selbst ein Hauch, und doch sind sie fest ver-

wurzelt in der Erde. Blumen sind Symbole für die Überwindung des Todes des Samens in der Erde und seine Auferstehung in einer neuen Form. Sie symbolisieren nicht nur die Überwindung des Todes im Vergehen und Neuerblühen in der Natur, sondern mit ihren zarten, feinstofflichen Blüten sind sie auch ein altes Bild für die Existenz nach dem Tode in einer neuen, spirituellen Form.

Marie-Louise von Franz schreibt in ihrem Buch »Traum und Tod«: »Die Vorstellung der Blumen als einer ›Prima materia‹ ist auch in der religiösen Vorstellungswelt der Perser die Ausgangsmaterie des Auferstehungsprozesses. Wie aus den Landschaftsdarstellungen des Jenseits hervorgeht, besaß jeder Engel und jede göttliche Macht eine eigene spezielle Blume. Der Gott Vohuman hatte den weißen Jasmin, Shatrivar das Basilikumkraut und Daena, das ist die göttliche Anima des Mannes, die hundertblättrige Rose. Man meditierte die Blume, um ihre ›Energie‹ zu konstellieren, aus der dann der Engel oder die göttliche Macht selber im inneren Gesichtsfeld aufleuchtete. So ermöglichte die Meditation einer Blume die Epiphanie jenseitiger göttlicher Wesen in der archetypischen Welt.«[37]

Weiter wissen wir, dass auch bei den Ägyptern die Auferstehungsidee mit dem Bild der Pflanzenwelt verbunden war und auch bei ihnen die Blume ein Aspekt des Auferstehungsleibes war. Die Ägypter legten Blumen auf das Gesicht, die Hände und die Füße der Toten, und sie steckten Weizenkörner oder Blumenzwiebeln in die Mumienbinden der Toten oder in einen Behälter neben der Leiche und begossen sie mit Wasser. Wenn die Körner oder Zwiebeln keimten, wurde dies als Zeichen der vollendeten Auferstehung betrachtet.[38]

Eine ganz besonders schöne Zusammenfassung der Symbolik von Leben, Tod und Auferstehung auf kleinem Raum findet sich im so genannten Osirisbett. Darunter muss man sich eine etwa 200 cm lange Holzkiste in der Form der Seitenansicht des ägyptischen Gottes Osiris vorstellen. Diese Kiste war mit feinem Quartzsand aus dem Flussbett des Nils gefüllt. Offensichtlich hatte man in diesen Sand Gerste gesät, denn als man das Osirisbett (eines von vielen, die in Gräbern gefunden wurden) in Pharao Tutenchamuns Grab fand, befanden

sich darin verwelkte Keimlinge der Gerste von etwa 8 cm Länge. Vor Tausenden von Jahren hatte die Gerste gekeimt und war gewachsen. Das Wachstum der Gerste symbolisierte neues Leben nach dem Tod, eines der Hauptthemen im Osiriskult.[39]

Osiris – war im Bewusstsein der Ägypter der Ursprung und der Träger des Lebens. Gleichzeitig war er Herr des Totenreichs und Herr über die Wasser des Nils, also Herr über das ganze Dasein. In einem Hymnus, auf einem Papyrus im Louvre in Paris erhalten, heißt es: »O Osiris, der du an der Spitze derer im Westen stehst. Du verjüngst dich jeden Tag am Horizont des Himmels und du alterst, wenn die Zeit da ist. Der Nil kommt auf deinen Befehl, der du die Menschen mit dem ernährst, was aus deinen Gliedern fließt, der du alle Felder wachsen läßt, wenn du kommst, wenn du anschwillst und zur Ruhe kommst. Dann werden die Pflanzen grün durchs Wasser von dir.«[40]

Osiris ist ein Gott des Wachstum, des Lebens und des Todes, ein Gott des Grünens und des Vergehens, Herr über das Dasein also. Damit kehren wir zurück zum Herbst und Winter im Garten. Die Herbststürme fegen die Blätter von den Bäumen, das Grün geht über in Gelb-Rot-Braun, um endlich unter der weißen Schneedecke zu verschwinden. Es ist die Zeit der Keimruhe. Die Natur steht scheinbar still und stirbt, in Wirklichkeit ist es aber nicht so. Wir sehen es nur nicht, wie wir so vieles nicht sehen, weil wir zu kurzfristig denken. Doch im Samen, im Getreidekorn, bereitet sich während der Keimruhe das neue Leben vor. Die »heilige Grünkraft« wird im Frühling vom Sonnenlicht wieder erweckt, und langsam kehren auch das Grün, die leuchtenden Farben und die Nelken und Rosen im Garten zurück.

5

Freude, Schönheit, Sinnlichkeit

Geschenke des Gartens an den Menschen

Fast jeder Garten kann ein Zaubergarten oder gar ein Liebesgarten sein und zur Sinnlichkeit, Freude und Erotik, ja zur Sexualität verführen. Um jedoch das Zauberhafte, das Magische im Garten zu sehen, um in ihm jene zwischenweltliche Beseeltheit zu erkennen, braucht es eine besondere Sichtweise. Es braucht, wie ich es nennen möchte, das doppelte Auge. Ein Auge, das nach außen schaut in die Welt des Hier und Jetzt, und ein Auge, das gleichzeitig nach innen schaut in die Welt der Erinnerungen, der Geschichten, Mythen und Märchen und der vielschichtigen, seelischen Hintergründe. Diese beiden Augen können miteinander spielen, sich gegenseitig beeinflussen und die jeweilige, vielleicht einseitige Sicht ergänzen und verändern.

Nehmen wir an, das äußere Auge eines Menschen sähe beiläufig eine Rose – nicht einmal wirklich bewusst, sondern nur als kurzen optischen Eindruck.

Schnell steigen vor dem inneren Auge Erinnerungs-Bildergeschichten auf, die sich um das Thema Rose ranken. Es kann sein, dass die Bilder des inneren Auges in der Art geprägt sind, dass sie schmerzhaft an den Dornen der Rosen hängen – nur an den Dornen. Die Einseitigkeit der Sichtweise besteht dann darin, dass der Betreffende die »Rose« subjektiv nur negativ, dornig und verletzend sieht, hingegen objektiv, also mit dem äußeren Auge, eine Rose noch nie genau betrachtet hat und über die Pflanze an sich nichts weiß. So hat derjenige dann festgefahrene, subjektive Meinungen, vielleicht sogar fixe Ideen über »nur dornige« Rosen.

Diese einseitige, negative Sicht kennen wir natürlich auch von anderen Lebensbereichen, die mit Rosen nichts zu tun haben: Beispielsweise sieht jemand »nur überbemutternde Frauen« oder »nur seelenlose Männer«, »nur wunderschöne Schwarze«, »nur hässliche Weiße« oder »nur die bösen anderen«. Nehmen wir nun einmal an, dass in einem glücklichhaften Moment (vielleicht durch den Hinweis eines anderen) das äußere Auge derselben Person die Dornen genau betrachtet, aber auch dem dornigen Stiel entlangwandert und dabei, vielleicht zum ersten Mal, die Blüte entdeckt, die nicht spitzig und schmerzbringend ist, sondern weich, zart und wunderschön: Das äußere Auge erkennt nun die Rose in ihrer Ganzheit, die spitzen Dornen und die zarte, duftende Blüte. Durch dieses Erkennen der negativen *und* positiven, äußeren Eigenschaften wandelt sich dann oft auch die innere Sichtweise – aus der einseitigen wird eine ausgewogene, ganzheitlichere Sicht.

Auch das Umgekehrte kann geschehen: Jemand kennt alle Rosen mit Namen. Er weiß, wie man sie schneidet, düngt, aufbindet. Sein äußeres Auge liebt und schätzt die Rosen. Doch damit hat sich's. Auch das ist eine einseitige Sichtweise, denn der Betreffende hat noch nie die Rosengöttin im Hintergrund gesehen, nie die Poesie, die Märchen und Geschichten, die sich um die Rose ranken, gelesen; er hat sich noch nie Gedanken darüber gemacht, welche Rosen das Wesen beispielsweise seiner Freundin widerspiegeln und ihr einen Strauß davon geschenkt. Und doch würde sie (die Freundin oder die Rose?) es ihm danken. Sein inneres Auge ist einfach noch nicht wach.

Doch eines Tages, wiederum in einem glückhaften Augenblick – glückhafte Momente entstehen, wenn etwas genau zu dem Zeitpunkt geschieht, in dem ein Mensch reif geworden ist, es zu sehen und aufzunehmen – öffnet ihm irgendeine kleine Begebenheit das innere Auge, und auf einmal verdoppelt sich seine Welt. Das wache doppelte Auge macht die Menschen reich!

Ich habe erlebt, dass das Öffnen des inneren Auges die Menschen nicht nur ungemein bereichert, es belebt und beseelt sie auch. Ich habe auch beobachtet, dass das genaue Betrachten der Erscheinungen in der Welt mit dem äußeren Auge eine sehr große Rückwirkung auf die innere Sichtweise der Menschen hat, natürlich sowohl im positiven als auch im negativen Sinn. Diese Rückwirkung kann je nachdem die Seele der Menschen verdüstern oder aber erhellen und beglücken. Man wird mich als Psychotherapeutin und als gewöhnliche, die Umwelt erlebende und beobachtende Frau verstehen, wenn ich versuche, einerseits den Menschen das innere Auge für den Reichtum der Seele zu öffnen, aber auch, wenn ich nach positiven, äußeren Werten suche, die die weit verbreitete düstere, depressive, innere Sichtweise, die auch krank macht, kompensieren und ein wenig wandeln können.

Zu diesen Werten gehört der Garten an sich und im Garten die »Schönheit« und die »Sinnlichkeit« und natürlich die »Freude«, die göttliche Begleiterin der beiden. Ich weiß auch, dass hinter diesen drei »Grazien« eine ganz große Göttin steht, die, haben wir sie einmal in der äußeren Welt erlebt und erkannt, zu einem sehr tiefen, lebensfördernden inneren Wert wird. Es ist die Göttin der Liebe und des Lebens, die Verkörperung der Liebe zur Schöpfung. Sie hat allerdings einen gefährlichen, zerstörerischen Gegenspieler: Es ist das liebes- und lebensfeindliche Böse, von dem ich meine, dass es nicht in der Natur der Pflanzen und Tiere wohnt, sondern im Menschen selbst. Je mehr sich aber in mir die Erkenntnis um die zerstörerische und lebensfeindliche Seite des Bösen verdichtet, umso mehr suche ich die Göttin des Lebens, der Liebe und der Freude.

Um sich dieser Göttin langsam anzunähern, will ich Sie vorerst zum Spielen verführen, zum Phantasieren, zum Imaginieren! Stellen Sie sich bitte einen Garten vor. Ist nicht allein die Tatsache, dass wir vor unserem inneren Auge Gärten entstehen lassen können, fabelhaft? Dass wir jene Gärten wiedererstehen lassen können, die wir schon kennen, andere neu erstehen lassen können – und das alles in unserer Imagination?

Wie wunderbar ist doch diese Kraft! Sie befähigt uns, zum Beispiel mit offenen Augen vor der Schreibmaschine zu sitzen und gleichzeitig vor dem inneren Auge die herrlichsten Gärten wachsen zu lassen. Innerlich sehen wir die Blumen, wir können sie auch ertasten, doch ihren Duft zu imaginieren ist schon etwas schwieriger. Hören werden wir die Pflanzen nicht, um das Gras wachsen zu hören, braucht es schon sehr feine Ohren ... Doch hören wir innerlich die Vögel singen, die Grillen zirpen, den Wind in den Bäumen rauschen, den Regen auf die Steine plätschern. Auch den Geschmack einer reifen Brombeere oder, oh Schreck, einer unreifen Olive können wir hervorzaubern. Alles in unserer Imagination!

Um wie viel intensiver jedoch sind alle Sinneswahrnehmungen, wenn wir sie, vielleicht an einem Frühlingsmorgen oder gegen Abend im Sommer, im Garten wirklich erleben! Was für eine Flut von sinnlichen und erotischen Eindrücken kommt uns da entgegen!

Im Frühjahr zum Beispiel überziehen hunderte von kleinen weißen Blüten wie ein Schleier den Schwarzdornbusch, später unzählige hauchzarte Blüten den Kirschbaum. Immer sind es fünf Blütenblätter um die goldenen oder rötlichen Staubfäden herum. Fünf – die Zahl der Göttin Ischtar, unserer Aphrodite-Venus, der Liebesgöttin.[41] Wie könnte es anders sein, sie ist ja neben Flora die große Göttin des Gartens. Immer wieder treffen wir ihre Fünfzahl in den Blüten und Blättern der Pflanzen. Auf Schritt und Tritt erinnert sie uns an ihr Wesen. Es heißt auch von ihr, dass sie, aus dem Meere geboren, in Kypros, Cypern, an Land ging und »ringsum wuchs das Gras unter ihren schlanken Füßen«.[42] Sie hinterlässt also überall im Garten ihre Spuren, sei es in Blüten und Früchten, die die Fünfzahl oder den Fünfstern widerspiegeln, oder in der Lebendigkeit und Sinnlichkeit der Blütenformen, »den schönsten Sexualorganen der Welt«[43], die oft wirklich an das weibliche Genitale erinnern.

Neben den Kirsch- und Schwarzdornblüten öffnen die Tulpen ihre Kelche und lassen deutlich ihre phallischen Stempel sehen. Sie erinnern an

Priapos, einen Sohn Aphrodites und Dionysos'. Er war ein Gott der Fruchtbarkeit und wurde in Form eines großen, steinernen Phallos verehrt. Also auch sexuelle männliche Formen treffen wir auf Schritt und Tritt im Garten.

Oder kleine blaue und weiße Blumen wie Gänseblümchen, Katzenäugli, Günsel und Wiesenschaumkraut lassen die Frühlingswiese zu einem zauberhaften Bett werden. Ein Liebesbett vielleicht? Ein Blick über den Gartenzaun zeigt, dass auf Nachbars Wiese kein Blümchen wächst, es ist ein perfekter, schweizerischer Rasen. Wie lustlos und traurig!

Im Sommer leuchten uns die knallroten Blüten des Hibiskus entgegen (siehe Seite 102). Wir verbinden sie mit einer schönen Frau, die sie im Haar trägt. Sie sind so schön, wir möchten sie ewig erhalten! Nein, sie blühen nur einen Tag, am nächsten Tag öffnet sich eine andere, vielleicht noch schönere. Da ließe sich wohl eine menschliche Weisheit dranknüpfen. Das lasse ich aber sein, denn wir sind ja dabei, die Schönheit und Sinnlichkeit des Gartens zu entdecken, darüber zu staunen und uns daran zu freuen.

Haben Sie Lust auf einen kleinen Spaziergang in den Garten mitzukommen? Nichts will ich beschreiben, das ich nicht wirklich wahrgenommen habe. Nicht voraussehbar aber ist, was meine Stimmung aus dem Wahrgenommenen macht, welche Geschichten und Phantasien mir dazu vor dem inneren Auge erscheinen werden.

Es ist ein Morgen im Juni. In der Nacht hat es ein wenig geregnet und nun duftet der Garten aus allen Poren. Noch unter der Türe zum Garten sehe ich die fetten, braunen und schwärzlichen Schnecken über die Steinplatten segeln. Wie Schiffe auf dem Meer kommen sie mir vor, Schiffe, die langsam daherziehen, lautlos – Segelschiffe also. Meine Laune scheint freundlich, denn sonst hätte ich weniger poetische Bilder für diese ekligen Dinger, die ja doch nichts anderes im Sinn haben, als mein Gemüse zu fressen. Ich sehe aber auch Weinbergschnecken, die ihre großen, schönen Häuschen auf dem Rücken tragen. Eine sehr gute Einrichtung, das Haus auf dem Rücken mitzutragen; sie kommt dem Tropfen Nomadenblut in meinen Adern entgegen und macht mir diese Art

Schnecken sympathisch. Für die »behausten« Weinbergschnecken hege ich übrigens schon meines ursprünglichen Berufes wegen viele Sympathien. Dass sie auch gar nicht so langsam sind, wie man ihnen nachsagt, habe ich vor ein paar Jahren herausgefunden. Damals malte ich allen Schnecken auf der Ostseite des Hauses einen

rosa Tupfer Nagellack aufs Häuschen, diejenigen auf der Westseite bekamen eine dunkelrote Verzierung. Ich wollte nämlich wissen, wie schnell und wohin die Schnecken kriechen. In der Tat haben sie sich ziemlich schnell bewegt und die Rosabetupften vermischten sich mit den Dunkelroten. Spielereien im Garten? Auch dazu lädt er ein!

Nun aber fällt mein Blick auf den großen Nussbaum. Er wächst und wächst, er strotzt vor Gesundheit und Schönheit. Schon lassen sich viele Büschel von zukünftigen Nüssen erkennen. Die äußeren Schalen sind noch grün, ihre Formen noch klein, doch deutlich erotisch. Phantasien, schon am Morgen? Doch lassen wir den Nussbaum, und gleiten wir mit dem Blick hinunter auf die Himbeer- und Brombeersträucher, die neben ihm wachsen. Sie versprechen künftige Augen- und Gaumenfreuden, doch auch der Tastsinn der Hände wird seinen ganz speziellen Anreiz bekommen, denn das Pflücken der weichen, samtenen Himbeeren hat etwas besonders Sinnliches. Die Himbeeren neigen sich uns ja sozusagen liebevoll entgegen, um gepflückt zu werden.

Ganz anders jedoch ist das Verhalten der Brombeeren gegenüber den Menschen. Sie schützen sich mit langen stacheligen Ranken und Blättern. »Lasst uns in Ruhe«, sagen sie. Wir lassen sie aber nicht in Ruhe, sondern versuchen, mit spitzen Fingern vorsichtig durch die Öffnungen im Dornengewirr zu langen, um die schwarzen Beeren zu erfassen. Niemals würde ich Brombeeren mit Handschuhen pflücken, da würde ich mir ja selbst den Spaß verderben, der

eben gerade im vorsichtigen Umgehen der Dornen liegt. Langsam und genüsslich soll man im August die Früchte pflücken, die dann in der Küche zur Königin der Nachspeisen, der cremigen Brombeergrütze verarbeitet werden. Wenn später bei Tisch in der Familienrunde der flüssige Rahm sein Muster zieht in der dunkelvioletten Fruchtcreme, steht ein vollendeter Sinnesgenuss vor uns. Die Augen, die Nase, der Gaumen freuen sich, die Hände führen den schön geformten Silberlöffel, und die Ohren erfreuen sich an den Wonnetönen der Mitspeisenden.[44]

Im Juni sind all das noch Vorfreuden, doch gerade die Vorfreude hatte mich schon im Frühjahr dazu gebracht, die prosaischen Dinge im Garten wie Wässern, Düngen und Hacken nicht zu vergessen. – Schon viel habe ich erlebt an jenem Junimorgen, aber noch keine zwei Schritte im Garten getan.

Doch jetzt gehe ich den kleinen Weg entlang. Auf der einen Seite wuchert das dunkelgrünrötliche Pfefferminzkraut. Es duftet aromatisch, und ich freue mich, dass es die nicht allzu fruchtbare Erde des Gartens mag. Daneben wachsen Schnittlauch und natürlich Petersilie. Die mag ich ganz besonders, weil sie mich jedes Mal, wenn ich sie sehe, in die Küche trage, hacke und dann beim Kochen verwende, an das vergnügliche und gescheite Märchen aus Italien erinnern. Wir kennen die Geschichte der »Petrosinella« schon aus dem vorangegangenen Kapitel (siehe Seite 88 f.).

Die Petersilie ist tatsächlich ein sehr interessantes Kraut: Einerseits wurde sie schon immer zum Liebeszauber verwendet[45], andererseits habe ich selbst noch während meiner Studienzeit erlebt, dass meine südländischen Freundinnen den Absud von riesigen Büscheln Petersilie zu Abtreibungszwecken verwendeten. Ob die Petersilie wirklich half, bezweifle ich ein wenig, denn meines Wissens haben sich die Dinge immer von selbst reguliert. Doch meine ich, dass es diese Eigenschaften waren, die die Gebrüder Grimm dazu bewegten, von der »vulgären« Petersilie zur harmlosen Rapunzel zu wechseln[46]. Mir jedenfalls gefällt das grüne Kräutchen, das im Restaurant neben jeder schön angerichteten Speise so hübsch und harmlos daliegt, weil es eben nicht so harmlos ist. Es kommt immer darauf an, »wie« und »wie viel«, sagt die Hexe im Turm ...

Nur einige Dill-, Salbei-, Liebstöckel- (schon wieder ein Kraut, das mit Liebe zu tun hat?), Melissen- und Thymianpflanzen entfernt, wächst ein prächtiger Rosmarinstock. Auch dazu gibt es ein italienisches Märchen[47]; offenbar haben die würzigen Kräutlein immer schon Leib und Phantasie beflügelt. Kräuter gehören ja unbedingt in jeden Garten: Einerseits sind sie wegen ihrer Heilkraft die Bausteine unsere Hausapotheke, andererseits – ob frisch oder getrocknet – zusammen mit den ungezählten Gewürzen aus aller Welt das Tüpfelchen auf dem »i« in der Küche. Mit den Gewürzpflanzen schenkt uns der Garten die Möglichkeit, unsere Kreativität im Kochen und die raffinierte Verfeinerung unseres Geschmackssinns zu üben.

Neben dem Rosmarin wächst in einem schönen Topf – er ist wegen der gefräßigen Schnecken auf einen Sockel von Backsteinen gestellt, ein anderes betörend duftendes und schmeckendes Kraut: das Basilikum. Wie sein Name sagt (*basileus* [griechisch] = König), ist es ein königliches Gewächs. Ursprünglich stammte es aus Indien und war heilig. Einerseits wohl, weil es schädliche Insekten fern hält, andererseits, weil es die Verdauung sehr wohltuend beeinflusst. Heute wird das Basilikum in den Küchen der mediterranen Länder sehr vielfältig verwendet und immer geliebt. Es ist neben seinem äußerst wohltuenden Duft und Geschmack auch schön zum Ansehen. Seine Blätter strahlen etwas sehr Gesundes, Üppiges, Sinnenfreudiges aus.

Auch zum Basilikumkraut gibt es ein reizvolles Märchen, »Das Bazilikonmädchen«.[48] Es handelt sich um eine sich in orientalischer Weise langsam entwickelnde Geschichte von Liebesfreude und Liebesleid zwischen dem »grünen«, mit viel Sinnlichkeit und Mutterwitz ausgestatteten Basilikummädchen und einem vornehmen, aber kopflastigen und weltfremden jungen Mann. Hin und her geht die Geschichte, die beiden lieben und strafen sich, fliehen voreinander, doch finden sich immer wieder, zuletzt wird der junge Mann aber vom sinnlich-erotischen Duft des Basilikum(mädchen)s endgültig eingefangen und »sie lebten glücklich vereint bis ans Ende ihres Lebens«. Es ist eine lange Geschichte, schön zum Erzählen geeignet, während die Hausfrau gemächlich im Mörser sehr viele Basilikumblätter zu einem »Pesto«[49] verstößt.

An diesem Junimorgen reicht die Zeit nicht dazu. Hingegen gibt es eine kürzere Geschichte in Boccaccios »Decamerone«[50], in der ebenfalls die Heilkraft des Basilikums eine sehr wichtige Rolle spielt, leider aber nicht stark genug ist, die Geschichte zu einem glücklichen Ende zu führen. Es ist eine etwas traurige Geschichte, sie will sich eigentlich nicht so richtig in ein Kapitel über Freude, Schönheit und Sinnlichkeit im Garten einfügen. Dennoch möchte ich sie erzählen, weil sie uns darauf aufmerksam macht, wie schnell Schönheit und Sinnlichkeit, vor allem aber die Freude durch Neid, Eifersucht und Bosheit zerstört werden können.

In der Boccaccio eigenen, etwas deftigen Sprache erzählt die Geschichte von einer jungen Frau, deren Brüder aus Eifersucht ihren Arbeitsgefährten, der gleichzeitig der Liebste ihrer Schwester ist, erschlagen und weit außerhalb der Stadt verscharren. Die junge Frau weiß nicht, wo ihr Liebster geblieben ist. In ihrer Verzweiflung und Trauer erscheint er ihr im Traum und zeigt ihr die Stelle, wo er vergraben wurde. Sie geht hin und findet ihn, doch ist es ihr unmöglich, den ganzen Körper nach Hause zu tragen. Sie nimmt nur seinen Kopf mit und begräbt ihn im Garten ihres Hauses in einem großen Topf. Darüber pflanzt sie das heilende Basilikum.

Dieses Kraut wächst nun herrlich heran, genährt von der Liebe und gewässert von den Tränen der jungen Frau. Doch das fruchtbare Gedeihen des Basilikums einerseits und die traurigen Augen und die schwindende Schönheit der Schwester andererseits erwecken das Misstrauen (oder wiederum den Neid und die Bosheit) der Brüder, und sie suchen im Untergrund des Topfs nach. Sie finden den Kopf und entfernen ihn diesmal endgültig. Diesen Verlust kann ihre Schwester nicht mehr verkraften und stirbt.[51]

Die Geschichte ist deswegen so bedeutsam, weil die Brüder nicht nur den Geliebten ihrer Schwester körperlich töten – diesen Verlust hätte sie vielleicht überwinden und einen neuen Liebsten finden können –, nein, sie töten auch den inneren Seelengefährten der jungen Frau. Der Topf, der den Geist und die Seele ihres Liebsten aufnimmt, ist eine Verdoppelung des Gartenmotivs, das heißt, den Topf können wir uns als innerstes Wandlungsgefäß im Seelengarten vorstellen. In diesem Gefäß versucht sie, mit den Tränen ihrer Trauer den Geist, die Essenz des geliebten Mannes zu wandeln und fruchtbar werden zu lassen. Es gelingt ihr auch, und interessanterweise wächst aus der Trauer die Pflanze, die hilft, zu verdauen und zu verwandeln – das Basilikum. Die junge Frau hätte also den Geist des Geliebten wandeln, verdauen und somit aufnehmen und in sich fruchtbar werden lassen können, hätten die Brüder nicht auch das noch verhindert. Eine Geschichte, die uns nachdenklich werden lässt!

Der Topf im Garten als Gefäß der Wandlung erinnert uns auch an den Sarg oder die Urne, die im kleinen, persönlichen Gärtchen des Grabes und im großen Garten der Gemeinschaft, dem Friedhof, ruht. Wir pflegen, bepflanzen und beweinen das Grab, in dem die Erinnerungen, die vielen Bilder und Gefühle, die uns mit einem geliebten oder nahen Menschen verbinden, wohnen. Ganz langsam wandeln sich in uns diese Bilder und Gefühle und werden Teil unserer eigenen Seele. Wer darf diesen Vorgang stören oder gar verhindern?

Es ist auch noch in einem anderen Sinne eine bedenkenswerte Geschichte, die aus dem Betrachten meines Basilikumtopfs an jenem Junimorgen herauswächst, denn viele Frauen kennen solche »Brüder« als innere Figuren, die ihnen von klein an als eine der Familie innewohnende, lebens- und liebesverhindernde Geisteshaltung zugesellt worden sind. Es sind »innere Brüder«, die die Freude am Leben, an neuen Impulsen abwürgen und verhindern, dass eine fremde Liebe ins »Familiengehäuse« eindringen und fruchtbar werden kann. Es ist eine Einstellung zum Lieben und Leben, die dem Wesen Aphrodites, der Göttin des Gartens und der Liebe, diametral entgegengesetzt ist. Sie, die Göttin, liebt die weich schwingende Bewegung, das Vorwärtsgehen, die Entwicklung, die neuen Verbindungen, nicht das gewalttätige, abwürgende Wesen solcher »Brüder«.

Boccaccios Geschichte ist traurig und doch ist ein wichtiges Element, nämlich das Verdauen, Wandeln, Verarbeiten und Wieder-zum-Blühen-Bringen, in ihr enthalten, das auch zum Garten gehört. Zuerst einmal wachsen im Garten ungezählte Kräutlein, die uns helfen, schwer verdauliche Speisen zu verdauen oder Dinge, die uns auf dem Magen liegen, zu verarbeiten. Diese Kräutlein sind Geschenke des Gartens an unser Blühen, an unsere Gesundheit.

Doch ist der Garten selbst ein einziges großes Wandlungsgefäß, in dem sich im großen Zyklus der Jahreszeiten das Wachsen, Blühen, Früchtetragen, Welken und Vermodern bzw. Verdauen und Wiedererblühen jedes Jahr wiederholen. Der Wandlungsprozess im Garten hat etwas Gemächliches, Beruhigendes und Hoffnungsvolles an sich. Er lässt das Vertrauen in die Wiederkehr des Lichtes und in das lebendige Wachstum wachsen. Dieselben Rhythmen und Vorgänge finden sich wohl auch in der großen Natur außerhalb des Gartens, doch erleben wir sie im Garten, in unserem persönlichen, vertrauten Rahmen, viel intensiver und ganz direkt über unsere Hände und unser Herz, mit denen wir die Erde bearbeiten.

Im Garten kommen wir in sehr nahe körperliche und seelische Berührung mit den jahreszeitlichen Veränderungen: Im Frühling fassen sich die Erde und Pflanzen ganz anders an als im Herbst, wir spüren die Jahreszeit sinnlich in den Händen. Und wir fühlen die Veränderungen im Herzen. Wir freuen uns über das Wachsen und Blühen und spüren leise Trauer und Wehmut über das Vergehen. Wir halten die Stille im Winter aus – vielleicht legen wir uns als Brücke einen »Frühlingsteppich« aus – und genießen dann im Frühling das aufbrechende Glücksgefühl, wenn die ersten grünen Blätter aus der Erde stoßen (siehe die Seiten 23 und 26).

Ich kannte einen kleinen Jungen, der im Frühling, kaum war die Erde etwas wärmer und das Gras grüner, sich auf die Wiese warf und freudig hin und her rollte! Diese großen Geheimnisse des natürlichen Lebens lernen wir im Garten. Wir spiegeln uns in ihm und er spiegelt sich in uns. Er spiegelt uns Ruhe, Vertrauen in die natürlichen Wandlungsprozesse – und Hoffnung. Ein Spaziergang im Garten ist meistens das beste Heilmittel gegen depressive Stimmungen, denn fast immer entdecken wir dabei etwas Unerwartetes, das uns ein Lächeln entlockt, Freude macht und Hoffnung aufkommen lässt. Diese Erfahrung haben Sie sicherlich selbst schon gemacht.

Ich wage auch zu behaupten, dass Gärten uns Güte spiegeln. Pflanzen sind nicht böse, auch wahre Gärtner nicht. Jedenfalls habe ich noch keinen bösen Gärtner getroffen, weder real noch in Märchen und Geschichten. Im Gegenteil, Gärtner und Gärtnerinnen sind meistens stille, hilfreiche und weise Menschen, die fest auf dem Boden stehen und Vertrauen ausstrahlen. Sie sind auch Optimisten, denn sie leben mit ihrem Planen und ihren Vorstellungen von der kommenden Schönheit und Freude im Garten der Jahreszeit immer ein wenig voraus.

Auch Inspiration schenkt uns der Garten! Es amüsiert mich selber immer wieder, wie sehr meine Phantasie von Gartenbüchern und Gartenprospekten beflügelt wird. Obschon ich zum Beispiel genau weiß, dass die Erde in meinem Garten nicht die nötige Beschaffenheit für den in herrlichen Blautönen hoch wachsenden Rittersporn hat, lasse ich mich doch immer wieder davon begeistern. »Es« sagt dann in mir: »Wenigstens eine wunderbar blau blühende Pflanze in einem Topf mit der richtigen Erde! Oder wenn das nicht geht, wenigstens ein Kleid in den allerschönsten Blautönen? Oder wenigstens ein Bild malen ganz in Blau.« Schwelgen in Blau ... Von Blau springt die Phantasie zu Gelb. Vielleicht eine Inspiration in Sonnenfarben? Den ganzen Garten voll pflanzen mit Sonnenblumen, großen, kleinen, winzigen, riesigen? Mit Sonnenhut, Sonnenauge, sonnigen Tagetes, sonnengelber Kapuzinerkresse – die Phantasie feiert eine sonnengelbe Orgie!

Oder eine Orgie in Kupfer-Gold-Orange. Wir sind ja beim Spaziergang im Garten an einem Junimorgen – stehen wir doch still bei meinen liebsten Rosenbüschen! 38 Sorten Rosen wachsen in meinem Garten, doch keine ist so aphrodisisch wie diese in flammendem Kupfer-Orange. Alles ist fließend und weich an ihr, die Zweige, die Blüten, die einzelnen Blütenblätter sind weich geschwungen, ja selbst die Dornen schmerzen nicht. Auf der Haut fühlen sich die Blütenblätter sanft und weich an. Nicht wie Samt oder Seide, sondern kühl, fast feucht, und doch hinterlassen sie keine Tröpfchen auf den Händen. Wenn es regnet, beugen sich die Blütenbüschel sanft nach unten, wenn die Sonne wieder scheint, öffnen sich die Blüten und zeigen ihre goldgelben Staubfäden. Die Blüte ist nicht einfach, aber auch nicht gefüllt, sondern weich und verspielt. Sie hat noch den einfachen Charme der wilden Rosen, ist aber durch Kultivierung strahlender und raffinierter geworden.

Das ist die geglückte Mischung zwischen Natur und Kultur, die die ursprüngliche Schönheit der wilden Blumen nicht »verzüchtet«, sondern erst recht hervorhebt. Die Farbe der aphrodisischen Rose ist auch eine wunderschöne Mischung, nicht nur feurig orange, aber auch nicht nur kupferfarben, nicht gelb und nicht rötlich, sondern etwas von allem fließt hinein in das Wunder ihres Farbenspiels. Sie lässt sich nicht festlegen, ist heute anders als morgen, im Juni verschieden vom September. Die Farbe lässt sich nicht festhalten, die Blüte nicht zwingen. Sie will nicht geschnitten und in einer Vase gefangen werden, dann welkt sie schnell dahin. Und doch möchte man das ganze Haus damit füllen, denn sie duftet unglaublich betörend. Ihr Parfum ist nicht schwer und benebelnd wie von tief dunkelroten Rosen, sondern leicht, lockend, erotisch, spielerisch flackernd und hüllt uns ein wie der tanzende Schleier Aphrodites.

Die Leserin hat es schon längst verstanden, es ist *die* Rose der Liebesgöttin. Aphrodite selbst lässt sich nicht fangen und zwingen. Sie spielt zwischen zärtlichem Rosa und feurigem Orange. Sie erweckt unsere Sinne nicht zu plum-

per Genusssucht und schwülstiger Sinnlichkeit, sondern wie meine Lieblingsrose zu weicher Harmonie zwischen natürlicher Einfachheit und kultivierter, raffinierter Eleganz. Sie lehrt uns die Kunst des verführerischen, doch nicht erstickenden Duftes, der leichtfüßigen Anmut, des heiteren, nicht boshaften Lachens und der lebensfreudigen Verspieltheit. Aphrodite hat wie meine Rose auch Dornen, die schmerzen, aber selbst diese können lustvoll sein.

Noch eine Beziehung zwischen meiner Rose und der Liebesgöttin möchte ich betonen: Beide brauchen sehr viel liebevolle Pflege und Nahrung. Wehe, wenn man sie vernachlässigt! Dann verwildern sie, die Rose verliert ihre veredelte Schönheit und ihren kultivierten Glanz und die Liebe der Göttin wird zu zerstörerischem, primitivem Hass. In diesem Zustand aber ist die Rose weit angenehmer als die verratene, beleidigte Göttin. Die Rose kehrt nur zurück zur zartblütigen, einfachen Wildrosenform. Rosen sind vielleicht traurig, aber nicht böse und rachsüchtig.

Gehen wir noch einmal zurück zu den Geschenken, die uns Venus-Aphrodite und der Garten machen: zur Freude, Schönheit und Sinnlichkeit. Es sind sehr, sehr kostbare Geschenke, denen wir viel Raum geben und liebevolle Zuwendung zurückschenken sollten. Schönheit und Freude sind Götterfunken, die das Leben lebenswert machen, und die Sinne sind die Tore zur Welt, zu unseren Mitmenschen und zu unserer eigenen Seele. Lohnt es sich da nicht, die Tore zu öffnen? Die hereinspazierende Sinnlichkeit wollen wir kunstvoll kultivieren, genau so, wie wir es mit der Natur im Garten tun.

Noch einmal wollen wir Venus und den Garten zusammen sehen. In ihrem Buch »Götter und Planeten« sagt Ellynor Barz: »Astrologisch gesehen wird Venus in Zusammenhang gebracht mit Geselligkeit, Genuß, Ästhetik, Vergnügen, Luxus, Liebeslust und Liebeskunst; mit Kunst überhaupt, mit Schönheit, Spiel und Sinnenfreude; mit Sinn für Proportionen und Harmonie; mit Streben nach Ausgleich und Ergänzung, Harmonie und Wohlgefühl.«[52] Spricht sie hier von Venus? Oder vom Garten? Entscheiden Sie selbst darüber!

Gehen wir noch einige Schritte weiter auf unserem Morgenspaziergang. Vorbei an den üppigen, duftenden Rosen, vorbei an den blühenden Büschen, den glanzvollen Blumen, hinüber zu den Töpfen mit Setzlingen. Im Frühjahr hatte ich Petunien gesät in kleine Schalen. Später habe ich sie pikiert und umgepflanzt in größere Töpfchen. Es war eine schöne Arbeit, voll Hoffnung und Vorfreude auf ungezählte mittelblaue, tiefblaue und weiße, duftende Blüten. Der Garten verleitet uns nämlich auch zu einer gewissen Gier nach noch mehr Blumen, noch schöneren Varianten. Unersättlich wäre man, würden nicht dem »Pflanzrausch« ganz konkrete Grenzen gesetzt durch so prosaische Faktoren wie Zeit, Geld und eben – der Gartenzaun. Durch irgendetwas werden auch wir immer wieder »zurückgeschnitten« in unserem Wunsch nach noch mehr und noch Schönerem.

Doch jetzt freue ich mich an den vielen starken Pflanzen und setze sie noch einmal um, diesmal in Gruppen und in große Töpfe. Warum das Wühlen und Graben mit den Händen in der Erde so wohltuend und befriedigend ist, kann ich nicht genau sagen. Vielleicht haben Sie Ihre eigene Antwort darauf schon gefunden. Mir jedenfalls scheint es eine Urtätigkeit des Menschen zu sein, die mit Überleben und Weiterleben zu tun hat, hauptsächlich aber, wie jede andere schöpferische Tätigkeit, ein ganz großes Glücksgefühl auslöst. Beim Blumengarten kommt noch etwas dazu: Blumen müssen wir nicht pflanzen, wir könnten auch ohne sie überleben. Aber wir dürfen! Und das ganz zu unserer und anderer Freude!

Wenden wir uns nun noch einem kleinen, schön geformten Tontopf zu, in den ich Erinnerungen gepflanzt habe, kleine duftende Erinnerungen, die mir große Freude machen. Still betrachte ich den Topf mit den kleinen Nelken. Bilder steigen auf und mischen sich mit dem Duft der Kindheit. Eine kleine Träne der Wehmut über das verlorene Paradies fällt in den Topf. Gut, dass ich keine »bösen Brüder« habe wie die junge Frau in Boccaccios Geschichte, die mir die Erinnerungen wegnehmen! – Doch zirpt da nicht eine Meise auf dem Apfelbaum? Erinnerungen können hin und her fliegen zwischen dem Frühstückstisch des Großvaters und meinem Apfelbaum. Sie können Fäden spinnen zwi-

schen der Vergangenheit und heute. Können sie auch vorwärts fliegen? Oh ja, der Apfelbaum gehört schon seit ein paar Jahren nicht mehr nur mir, aus ihm ist eine Geschichte herausgewachsen für meine Enkelinnen. Ob sie sich einmal erinnern werden an die leuchtend roten Äpfel der Großmutter?

6
Der Garten der Liebe

Auch eine Welt dazwischen

Es scheint mir, es gebe in der Weltliteratur mehr Beschreibungen, Gedichte und Lieder von Liebesgärten als von irgendwelchen anderen Lebensräumen. Von den zauberhaften, arabischen Gärten in den Märchen aus »Tausendundeiner Nacht«[53], wo sich Liebende heimlich treffen, über das ergreifende Buch »Die Gärten der Finzi Contini«[54], in welchem Giorgio Bassano beschreibt, wie die Liebe zwischen zwei jungen Menschen leise erwacht auf ihren Streifzügen durch die alten, ummauerten Gärten, bis hin zu der liebevollen Geschichte vom »Secret Garden«[55], einem kleinen, verwunschenen Gärtchen, in dem zwei Kinder die Erfahrung von Freude, Liebe und gesundem Leben machen, bildet der Garten immer wieder das geschützte Gefäß voller Schönheit, Sinnlichkeit und Fruchtbarkeit, in dem sich das Geheimnis der Liebe zwischen zwei Menschen entwickeln kann.

Manche der beschriebenen und besungenen Liebesgärten gibt es wirklich, doch die meisten, auch die drei hier erwähnten Gärten sind nicht greifbar und

konkret begehbar. Und doch sind sie Teil einer Wirklichkeit und beglücken und beleben unsere Phantasie immer aufs Neue. Erinnern Sie sich nicht auch an eine Gartenbank oder einen verwunschenen Weg zwischen leuchtenden Blumen und schattigen Büschen, wo sich eine kleine Romanze zwischen Ihnen und einem anderen Menschen anbahnte? Sicher! Die romantische Begegnung ist vielleicht schon längst entflochten, doch der Duft, das Licht und Schattenspiel, das Geheimnis und der Zauber des Gartens haben sich in Ihrem Herzen festgesetzt.

Wir folgen nun der Einladung eines unbekannten Dichters in die Gärten seiner Seele. Auch wir sind angesprochen, ebenso wie die unbekannte Liebste, für die er das Gedicht wohl geschrieben hat. Lassen wir uns hineinführen in seine Seele und gleichzeitig verführen, in unseren eigenen, inneren Gärten herumzuschweifen.

Die Schlüssel

Ich möchte dir die Türen öffnen
zu den Gärten meiner Seele.

Dass wir uns beide freuen
an den Blumen und den Schmetterlingen
in ihrer großen Farbenpracht.

Dass wir uns beide freuen
am Hin und Her der Vögel
und ihrer Lieder früh und spät.

Dass wir uns beide freuen
am Spiel des Windes,
an einem zarten Wiegen unserer Pflanzen,
groß und klein,
und seinem Streicheln unserer Haare
und unserer Haut.

Dass wir uns beide freuen
am hellen Sonnenlicht
und spüren, wie es liebend warm in unseren Körper dringt,
zwei wird zu eins, sonnenwarm verschmolzen.

Dass wir uns beide freuen
am Geschmack der voll gewürzten Früchte,
und er verschmelz im Süßen unserer Lippen.

Dass du in meinem Garten den Mond
mit Morgen- und mit Abendstern begrüßest
und den Blick der Nacht erlebst,
den Gesang der Nachtigall,
den zarten Nachtwind
und den Mondenschein,
den Nachtgeruch der Blüten,
Granat-Geschmack und Beeren.

Ich möcht, dass du in meinen Garten kommst.
Hab hier die Schlüssel.
Bitte komm.

Nehmen wir den Schlüssel und treten wir ein! Der Dichter zeigt sich uns als ein weiträumiger, innerlich reicher Mensch, denn er hat nicht nur *ein* Gärtchen, er hat *Gärten* in seiner Seele. Auch großzügig muss er sein, vertrauensvoll und liebend. Wie könnte er sonst mit *einer* großen Bewegung die Türen aufstoßen zu seinem inneren Reich und einem anderen Menschen Eintritt gewähren?

»Ich möchte dir die Türen öffnen
zu den Gärten meiner Seele.«

Diese zwei ersten Zeilen schon öffnen uns das Tor zu einer weiten Welt. Getragen von unserer Vorstellungskraft, treten wir ein in einen weiten Raum voller Grün und Farbenpracht, mit Wegen und Plätzen, Baumdächern, Buschhöhlen, Dornengestrüpp, Teichen und Blumenwiesen. Wir entdecken Gärten der Freude und Lust, aber auch der Melancholie und der Trauer. Still sind sie, nach innen gekehrt. Hier wurden vielleicht die verstorbenen und verwelkten Lieben unter Trauerweiden begraben. Dann finden wir einen überbordenden, farbigen Garten der Sinnlichkeit und der Erotik – er zeigt sich ganz deutlich im Gedicht –, aber wahrscheinlich auch einen versteckten Fechtgarten für Aggressivität, Kampf

und Wettstreit. Sicher gibt es einen kleinen Gottesgarten, wo nur eine Blume blüht, eine, die alles in sich vereint, wohl auch einen weiten Hopfengarten und eine Reblaube, einen Gemüsegarten, einen Dichtergarten, eine Tropfsteinhöhle für Zorn, Ärger und Rückzugsgedanken, einen Hexengarten mit unzähligen heilenden und giftigen Kräutern, auch solchen, die die Sinne verwirren. All das können wir uns vorstellen.

Viele Gärten des menschlichen Seins öffnet der Dichter einem anderen Wesen und uns, und sie alle spielen in tausend Lichtern und Schatten, in leuchtenden Farben, Zwischentönen und Dunkelheiten und erzählen von Gefühlen und vielfältigem menschlichem Leben. Die Phantasie feiert ein Fest und breitet sich weit aus. Unsere Vorstellungskraft kann ins Grenzenlose gehen, sie kann in alle Höhen und Tiefen der Seele klettern und tauchen. Sie kann auch Räume des Abgründigen und Zerstörerischen entdecken.

Nicht so weit geht die Phantasie des Dichters. In diesem Gedicht öffnet er eher die verspielten und erotischen Seelenräume der Zweisamkeit und der Sinnlichkeit. Es ist nicht seine Absicht, die dunklen Schattenräume seines Seelengartens zu zeigen. Das würde die Liebste erschrecken und davon abhalten, durchs Gartentor zu gehen. Die Liebe lockt ja fast immer mit lieblichen Bildern, wickelt die Menschen in die farbenschillernden Schleier der Illusion ein, genau so wie es der Garten mit seinen Blumen und Düften tut. Ist man dann einmal eingewickelt, beginnt unweigerlich auch die mühsame irdische Arbeit, die tägliche Auseinandersetzung mit Unkraut und Dornen.

Doch folgen wir weiter den lockenden Bildern des Dichters. Er möchte mit seiner Liebsten den Sonnenschein genießen, aber er wünscht auch, dass sie den sanften Mond und den Morgen- und den Abendstern, die Venus begrüßt und sich in ihr verzauberndes Licht hüllt. Ein bisschen märchenhaft scheint sein Liebesgarten zu sein, von Magie und Zauber erfüllt.

Und schon sehe ich vor meinem inneren Auge einen runden Garten, wo Menschen und Elfen – Elfen sind Wesen, die man meistens nur mit dem inneren Auge sieht – miteinander tanzen. Sie tanzen um einen Springbrunnen, dessen Wasserstrahl in die Höhe schießt und perlend und spielend wieder herunterfällt. Ein Brunnen gehört zu jedem Garten wie das Herdfeuer zu jedem Haus. Feuer und Wasser sind die zentralen Elemente, die dem Haus und dem Garten erst Leben verleihen. Die allerersten Häuser wurden als schützender Raum für das kostbare, heilige Feuer gebaut[56], und als allerersten Garten kann man sich gut eine Oase vorstellen, die dank einer Quelle lebte, grünte und blühte. Der Brunnen bringt dem Garten die Fruchtbarkeit und das Leben, das ist es auch, warum die intimste, feuchte Weiblichkeit der Frauen oft das »Gärtchen« genannt wird.

Ja, Menschen und Elfen tanzen im Garten um den Brunnen der Liebe. Es mag auch sein, dass die Liebe sich selber tanzt, bald sanft und genüsslich, bald wild und leidenschaftlich, mal sieht man sie, mal ist sie verhüllt ... Die Liebe ist ein Tanz mit dem Schleier!

Richtig, werden die Zyniker sagen: »Zuerst ist der Schleier rosenrot und flattert lustvoll im Wind – bald aber hängt er dunkelgrau und von den Dornen zerfetzt herunter und bietet das Bild eines Schreckens ohne Ende.« Zyniker haben leider ein einseitiges Weltbild und vor allem glauben sie nicht daran, dass Venus verschiedene Arten von Schleiern in ihrer Schatztruhe hat: kurzlebige, die schnell zerfetzen, aber auch etwas stabilere, die die magische Eigenschaft haben, sich immer wieder zu erneuern.

Dass der Schleier zu Venus-Aphrodite gehört, wissen oder ahnen seit Jahrhunderten fast alle Menschen, auch können wir dieses liebliche Paar, Venus und den Schleier, auf vielen Bildern sehen. Der Schleier, das zarte, im Winde wehende Gewand, die Bewegung und der Tanz – sie spielen um die Liebe und die Liebenden. Ist es nicht so: Bald sehen wir den Liebsten durch den rosa Schleier, bald durch den neblig grauen, bald sehen wir ihn überhaupt nicht, weil der Schleier alles einhüllt, bald fliegt der Schleier mit einem entschiedenen Schwung zur Seite, und wir sehen unser Gegenüber mit harter, unverschleierter Klarheit?

Ist das erschreckend? Ernüchternd? Klärend? Beruhigend? Bringt die realistische Sicht kurze Lichtblicke oder dauernde Abschreckung? Wohl beides. Wie dem auch sei – das Eigenartige am menschlichen Wesen scheint mir zu sein, dass die Momente der Einsicht in das, was hinter dem Schleier ist, meistens nicht sehr lange dauern. Ein Windstoß, und der Schleier bläht sich wieder auf, beginnt von neuem zu spielen, der Tanz des Verhüllens geht weiter.

Oft ist es gut so, denn der Schleier bedeckt dann gnädig, was nicht gesehen werden soll. Dies können Momente der tiefen Trauer oder des Schreckens und Grauens sein. Aber auch ganz große Augenblicke des Glücks werden gerne verhüllt!

Oft ist das schnelle Wieder-Vorziehen des Schleiers auch nicht gut, die klare Sicht wird dann allzu schnell wieder verunklärt. Doch wer kann schon beurteilen, was hier und heute gut ist oder schlecht? Es sind ja nicht wir, die den Schleier bewegen. Es ist der Wind, und »der wehet, von wannen er will« und – er ist auch »ein himmlisches Kind«. Etwas anders ausgedrückt heißt das, dass es noch eine weit größere Kraft gibt als unser Ichbewusstsein, die den

Schleier hebt und senkt. Bei genauer und geduldiger Beobachtung unseres eigenen Lebens können wir dieses Spiel des Schleiers zwischen dem Bewusstsein und dem, was unbewusst und verborgen ist, gut erkennen. Mal lüftet sich der Schleier, mal deckt er wieder zu, immer zu seiner Zeit.

Der Tanz geht weiter: Ich sehe dich, du siehst mich nicht, wir sehen uns, niemand soll uns sehen! Suche mich doch – nein, folge mir nicht! Erinnert der Tanz nicht auch an das Spiel der ganz kleinen Kinder? Sie nehmen ein Tüchlein, eine farbige Windel oder den Rock der Mutter und spielen: »Wo bin ich? Da bin ich!« Dabei spielen sie mit dem Tuch wie mit einem Schleier, noch etwas unbeholfen, aber sehr kokett und verspielt. Kleine Venüschen und Amörchen. Und lachen können sie dabei, so herzlich lachen vor Vergnügen, wenn der Schleier zur Seite gezogen wird und Mutter und Kind sich wieder wirklich sehen!

Ein anderes Spiel, zwar ohne Schleier, aber auch eine Art Tanz des Sichbegegnens oder – besser – des Sichvermeidens, spielten wir als Kinder im Garten der Großeltern. Wir nannten es »Begegnerlis«. Dabei gingen wir sehr eifrig hin und her auf den kleinen Kieswegen zwischen den mit Buchs umrandeten Blumenbeeten. Wichtig war, dass wir uns *nicht* begegneten. »Ich begegne dir« – »Nein, du begegnest mir nicht«! »Ich begegne dir doch« – »Nein, ich entkomme dir«! Es war ein einfaches, vergnügliches Spiel, das natürlich nur in einem etwas altmodischen Garten möglich war, wo sich jemand die Zeit nahm, Blumen zu ziehen, Buchsrabatten zu schneiden und Kieswege zu rechen. Aber auch dieses Spiel bestand aus einem Tanz zwischen zwei Partnern, die sich vordergründig nicht treffen wollten, hintergründig jedoch sehr wohl auch suchten. Es war ein kleines harmloses Spiel damals. Spiel hat aber immer mit Überraschungen zu tun; es lehrt, das Unerwartete anzunehmen, es lehrt, beweglich zu werden. Es lehrt, zwischen den Welten zu pendeln.

Doch legen wir nun den Schleier über die Kinderspiele und wenden uns wieder dem Gedicht zu. Der Dichter hat auch eine romantische Seele, man könnte sich vorstellen, dass er der Liebsten Rosenblätter aufs Bett streut ... Ganz besonders wichtig scheint ihm jedoch die Zweisamkeit zu sein. Immer wieder wiederholt er die Worte »dass wir uns beide freuen ...«. Das gemeinsame Tun und das gemeinsame Erleben im Seelengarten wünscht er sich.

Das gemeinsame Sehen, Hören, Riechen, Fühlen und Tun war seit jeher der Wunsch der Liebenden. Auch das gemeinsame Essen ist etwas besonders Intimes und wurde von naturnahen Völkern in sehr nahe Verbindung zur sexuellen Vereinigung gebracht. »Zusammen schlafen« jedoch scheint das Allerintimste auszudrücken: In dieser Alltagssprache für die sexuelle Liebesvereinigung kommen die Auflösung des auf sich selber bezogenen, ichhaften Bewusstseins und die Verschmelzung zweier Menschen in einem rauschähnlichen Zustand zum Ausdruck, die dem aufgelösten, sehr engen und doch sehr weiträumigen Bewusstseinszustand des Schlafes ähnlich sind.

Die Verbindung zweier Menschen im wirklichen Schlaf geht dann noch viel tiefer; sie verbinden sich in der Tiefe des Unbewussten. Man dürfte eigentlich nur neben Menschen schlafen, denen man ganz vertraut. Ganz ähnlich, wie man nur jemanden, dem man ganz vertraut, in den eigenen Seelengarten einladen sollte.

Zwischen Traum und Schlaf, dem inneren und dem äußeren Garten und dem Schleier der Göttin besteht eine Verbindung: Sie bildet den geheimnisvollen »Raum dazwischen«, diesen ganz besonderen Seelenraum zwischen dem Bewusstsein des Menschen und dem ganz Anderen, sei dieses Andere ein ganz anderer Mensch, sei es das tiefe Unbewusste der Nacht oder die ganz unbekannte Natur jenseits des Gartens.

Denken wir an die Zwischenwelt der Träume: Spielen sie nicht im Raum des Seelengartens zwischen unserem persönlichen Tagesbewusstsein und dem dunklen, fremden, unpersönlichen Unbewussten? Legt sich nicht ein Traum über den anderen wie ein ungreifbarer, oft nebelhafter Schleier über den anderen? Manchmal sind die Träume verständlicher, weil mehr von unserem Tagesbewusstsein gefärbt, manchmal sind sie wahrhaft »schleierhaft« und bringen uns mit dem Geheimnis und den Rätseln des fernen, großen Unbewussten in Berührung.

Je nach der Färbung der Traumschleier zeichnen sich in den übereinander geschobenen Schichten Bilder ab, die verschiedenen gefühlsbetonten Ladungen der Schleier verdichten sich, und zuletzt erscheint in den Bildern ein bedeutungsvoller Zusammenhang, ein Sinn. Immer aber bleiben Träume wie Schleierschichten, denn niemals können wir sagen: »Jetzt habe ich den Sinn ganz klar erfasst, das ist es!« Immer wieder bewegen sich die Schleier, einer lüftet sich, ein anderer legt sich darüber – es ist ein nie endender Tanz der Schleier, ein nie endender Tanz der Träume im Seelengarten. Mal glaubt man den Traum zu verstehen, mal entzieht er sich wieder. Das Einfühlen in und das Deuten von Träumen erfordert eine unglaubliche Beweglichkeit, wir müssen fortwährend den spielenden, tanzenden Bewegungen unserer Seele folgen.

Genau so bewegt und sich dauernd verändernd ist der Tanz mit dem Garten. Der Garten verändert sich stündlich: im Wandel des Lichtes, des Windes, der Temperatur, der Jahreszeiten. Im Frühling und Sommer grünt und blüht er mit einer so ungeheuren Kraft, dass wir nur staunen können. Das Gras scheint unter unseren Augen zu wachsen, stündlich öffnen sich neue Blüten und andere welken. Die Farben der Blumen werden immer intensiver, das Grün der Blätter wird immer tiefer, bis es sich gegen den Herbst hin wandelt in leuchtendes Gelb und Rot.

Dann fallen die Blätter, und durch den Garten ziehen sich unzählige Schleier, die Spinnweben (siehe Seite 130).

Sie sind – man kann sie sehen, und sie sind nicht – man kann sie nicht greifen. Sind es Schwestern der Träume? Auch sie spannen sich zwischen unser Bewusstsein und den verschwimmenden Hintergrund. Oder fangen sie die Träume? – »Dream catchers«[57] nennen die Indianer Nordamerikas die spinnennetzähnlichen Gebilde, die sie kunstvoll herstellen und über das Bett hängen, um die schlechten Träume zu fangen. Sicher sind Träume und Spinnennetze Töchter der großen Spinnerin, die den Faden unseres Schicksals spinnt. Aber aufgepasst, in den Spinnennetzen wie in den Träumen, im Garten wie in der Liebe kann man auch gefangen werden! Man kann sich verlieren und darin verwickeln und findet dann den festen Boden unter den Füßen nicht mehr.

Auch unsere alltäglichen Stimmungen sind oft »schleierhaft«! Am schleierhaftesten und launischsten jedoch sind die Gefühle oder Stimmungen der Liebe. Sie tanzt zwischen himmelhoch jauchzend und zu Tode betrübt, zwischen kindlichem, süßem Rosa, feurigem, leidenschaftlichem Rot und tiefem, duftenden, samtigen Purpur, das klingt wie die bauchigen Töne eines Cellos. Die Liebe tanzt wie die Blumen im Wind, wie die Schmetterlinge über den Blumen und manchmal wie die Sterne über dem nächtlichen Garten. Sie kann tödlich sein wie eine Frostnacht, giftig und verwirrend wie die Tollkirsche, verschlingend wie Winden im Garten oder standhaft wie Gras, das immer wieder nachwächst und einen sicheren Boden bildet.

Wir finden tausend Verbindungen zwischen der Liebe und dem Garten. Ganz besonders im Mittelalter war der Garten nicht nur Symbol für die Geliebte, sondern auch für die Liebe, die Minne selbst. Da finden wir zarte, versteckte Bilder wie »Blumenlesen« oder »Blumenbrechen« für ganz intime Erlebnisse, dann wieder Bilder voll blühender Sinnlichkeit wie »der Freuden Wurzgarten« oder »Rosengarten« für die höchste Liebeswonne[58]. Die »harmlosen« Bilder des Gartens lassen sich willig gebrauchen, um weniger harmlose Gelüste und Geschehnisse auszudrücken. Und die bösen Erlebnisse, die wir im Garten haben, drücken die Verletzungen unserer Liebesgefühle treffend aus.

Sicher jedoch wird die Sinnlichkeit und Körperlichkeit im blühenden, duftenden, fruchtbaren Garten aufs höchste angeregt. Auch die Seele wird empfänglich, weich und eingestimmt für den Austausch von Gefühlen.

Und so entsteht eine ganz besondere Verbindung zwischen zwei Menschen, die durch Gärten spazieren. Sie können »durch die Blume« zueinander sprechen und ihre Gefühle und Wünsche einbetten in die verzaubernden Bilder der Natur. Oft werden Liebesgefühle überhaupt erst möglich im Schutze des Gartens. Ganz allgemein brauchen ja unsere Gefühle Bilder, an denen wir sie festmachen können. Sie brauchen Vergleiche, Umschreibungen, Farben- und Duftbilder und Körperausdruck. Was Liebe bedeutet, weiß man in seiner Seele, spürt man in seinem Körper.

Will man aber dieses Gefühl jemand anderem vermitteln, muss man es umsetzen in Bilder, in Töne, in Gerüche, in Worte, die malen, oder man muss es tanzen, körperlich ausdrücken. Irgendwie muss jeder Mensch dem anderen Menschen seine Gefühle hinüberreichen. Und da bietet sich die ganze üppige Lebendigkeit des Gartens an wie ein übervoller Korb von Möglichkeiten. Angefangen von »den roten Rosen, die man einer schönen Frau schenkt«, bis hin zum kleinen altmodischen Albumspruch: »Rosen, Tulpen, Nelken, alle drei verwelken, nur das eine welket nicht, welches heißt Vergissmeinnicht ...«

Doch meine ich, dass wir noch nicht ganz auf dem Grund der großen Bedeutung des Gartens für die Liebenden angekommen sind. Ich habe dafür mein eigenes Bild, dem ich hier Ausdruck geben möchte.

Die Liebe ist wohl etwas vom Schwierigsten und Schönsten, was einem Menschen geschehen kann. Sie spannt sich vom höchsten Glück zum tiefsten Schmerz. Sie ist für die Menschen wie ein Lichtstrahl, der die Erde trifft, oder wie ein unerwarteter Engel, der seinen Fuß auf die Erde setzen will. Doch wer lehrt seine Kinder, mit der Liebe umzugehen? Wer bereitet ihre Seele auf dieses alles verändernde Erleben vor?

Der Lichtstrahl der Liebe ist ein durchdringendes, wärmendes, aber auch unerbittliches Geschenk. Er kann einen Seelengarten auf wunderbare Art zum Blühen bringen. Doch wir sagen auch, dass die Liebe uns trifft wie ein Blitz. Dieser ist noch unerbittlicher und wird nicht mehr als Geschenk erlebt, sondern wie eine übermächtige Gewalt. Man kann daran zugrunde gehen, wenn die Seele nicht darauf vorbereitet ist.

Der Engel wiederum ist auch ein Geschenk, jedoch ein zartes, zerbrechliches, verletzbares. Der Engel der Liebe möchte empfangen, aufgenommen und gehegt werden. Er braucht Schutz und Nahrung: Die bekommt er im gut vorbereiteten, auf die feinen Schwingungen eingestimmten, kultivierten Seelengarten. In einem vernachlässigten, ausgetrockneten Garten hat er große Mühe, sich niederzulassen, weil er kaum als Liebesengel erkannt, sondern oft mit den Trampeltieren verwechselt wird, die schon früh den kindlichen Seelengarten verwüstet haben. Der Engel braucht eine empfängliche, lebendige und starke

Seele, um Fuß fassen zu können und sich zu entwickeln. Die Seele ist das nährende, schützende Gefäß für die Liebe, in ihr wird die Liebe gewandelt und verfeinert, in ihr kann sie wachsen und Früchte tragen.

Und wieder sind wir beim Bild des Gartens, bei der Arbeit im Garten, bei der ganzen Mühe und Verantwortung, die die Pflege des inneren oder äußeren Gartens verlangt, aber auch bei der Freude und dem Glück, die sie bringt. Mir scheint es außerordentlich wichtig, dass wir der Vitalität, der Lebendigkeit, der Empfänglichkeit und der Widerstandskraft unseres eigenen Seelengartens, aber auch der Seelengärtchen unserer Kinder große Aufmerksamkeit schenken, damit die Gärten auch zu Liebesgärten werden können.

Im schützenden Gefäß des Seelengartens kann sich der Engel der Liebe niederlassen und seine Wirkung entfalten. Er befruchtet den Garten und der Garten bereichert ihn. Der Seelengarten schenkt ihm seinen ganzen Reichtum an feinen, kultivierten Gefühlen, seine vielgestaltete Schönheit und seine feurige, intensive Lebenskraft, so dass sich seine Flügel weit ausbreiten vor Freude. Er beginnt zu tanzen und zu singen und lockt schon bald andere Menschen herbei. Er öffnet ihnen die Türe zu den Gärten der Seele und bittet sie herein, der Tanz beginnt. Wir begleiten sie mit der ersten Strophe eines Liedes für Hathor, die alte ägyptische Göttin der Freude, der Lieder, des Tanzes, der Liebe und der Fruchtbarkeit:

»Komm, Goldene, die vom Gesang zehrt,
deren Herzenswunsch der Tanz ist,
die über Jubel zur Ruhezeit strahlt,
die über Tanz in der Nacht glücklich ist.«[59]

7
Stille im Garten

Die Erfahrung des Göttlichen im Garten

Es ist Sonntagmorgen in einem unendlich weiten, englischen Park. Herrliche, große Bäume breiten ihre Äste aus und stehen da wie alte, weise Persönlichkeiten, die die Stille und den Frieden des Parks beschützen wollen. Das Gras unter den Bäumen ist weich und schwingt sanft hin und her im leisen Morgenwind. Wir verlassen den Fahrweg und gehen hinüber zu einer kleinen Kapelle. Sie steht freundlich und etwas altmodisch zwischen den Bäumen. An ihren Mauern aus gelblichem Stein wachsen Rosen. Eine besonders schöne, rosa-orangefarbene klettert hinauf und umrankt ein kleines Fenster. Ihre Blüten duften fein, wie eben nur englische Rosen duften.

Am Eingang der Kapelle bekomme ich ein kleines, rotes Gebetbuch und eine Bibel. Dann erst sehe ich den ganzen Innenraum. Er ist zauberhaft schön. Rot sind die Gebetbücher, rot der lange Teppich, der zum Altar führt, rot die Sutane des Geistlichen und rot die kleinen gestickten Kissen, auf denen wir knien werden. Sie sind mit verschiedenen Motiven bestickt. Ich wähle eines mit Blumen, ich möchte auf einem kleinen Garten knien.

Weiß sind alle Blumen in den vielen, reichen, romantischen Sträußen, die in der Kapelle verteilt sind. Kleine und größere, weiße Nelken sehe ich, Jasminranken, große, weiße Rosen und vor allem liebliche, kleine weiße Rosen, die in Büscheln fließend herabhängen. Die Blumen sind in viel grünes, rankendes Laub hineingesteckt, nicht steif, wie man es oft in anderen europäischen Kirchen und Kapellen sieht, sondern weich, natürlich. Das Grün des feinen Blattwerks wirkt wie grüne Schleier, die die Schönheit und Reinheit der weißen Blumen hervorheben. Die Blumenarrangements berühren mich tief. Sie verströmen eine solch zarte Weiblichkeit, dass ich meine, sie können nur für eine ganz außergewöhnliche und sehr weibliche Frau gemacht worden sein.[60]

Auf eine ganz andere Weise, aber nicht weniger tief bewegt mich das Altartuch. Auch das ist grün – von einem weichen, gesunden Grün. Es ist dasselbe Grün der Wiesen, die die Kapelle umgeben, und dasselbe Grün der Blätter in den Blumensträußen im Inneren der Kapelle. Das Tuch bedeckt den ganzen Altar der Kapelle und hängt vorn bis auf den Fußboden herunter. Das Grün ist mit Gold bestickt. Im Zentrum umgibt ein goldener Strahlenkranz eine grüne Fläche in der Form einer Mandorla. In diese Fläche hinein ist ein goldener Baum, der Baum des Lebens, gestickt. Links und rechts der Mandorla geht der Strahlenkranz über in horizontale Strahlen, die sich wie Arme und Hände ausbreiten und die Botschaft des goldenen Lebensbaumes im Grünen der Natur an die Menschen weitergeben möchten. Dasselbe Motiv ist auf die Enden der grünen Stola gestickt, die der Geistliche über seinem roten Gewand trägt.

Wir wohnen einer kurzen Messe bei, ohne Predigt, mit vielen gemeinsam gesprochenen Gebeten. Zuletzt empfangen wir vor dem grün-goldenen Altar das heilige Abendmahl. Dann verlassen wir die kleine Kapelle, und das Erlebnis des Gottesdienstes, das gefasst war in die liebliche, sakrale Atmosphäre des Kapelleninnenraums, verströmt sich hinaus in die große Natur des Parks. Dieser, der Garten eines Schlosses, nimmt die menschlichen Gefühle der Ehrfurcht und der Dankbarkeit gegenüber der Schöpfung auf und antwortet darauf mit dem Sein der Bäume, der Wiesen und Hecken, der Blumen und Teiche. Es entsteht eine Zwiesprache zwischen der Natur und dem Menschen, ein Austausch von Schwingungen und von innerem Wissen, dass beide zusammengehören, beide aus demselben Stoffe gemacht sind, beide Teile der Schöpfung sind. So wie Gott zu uns sprach in der Kapelle und wir ihm antworteten in unseren Herzen und durch die Gebete und Lieder, so sprach er auch zu uns aus dem Leben der Bäume und Wiesen und wir antworteten mit unserer Ehrfurcht und Liebe zur Schöpfung.

Dieses Gefühl des Einsseins mit der Natur, die uns umgibt, oder mit dem Universum, das wir ja meist als über uns, am Sternenhimmel erleben, kennen wohl die meisten Menschen. Es ist eine uralte Ahnung dessen, was der moderne Physiker und Mystiker Brian Swimme in seinem Buch: »Das Universum ist ein grüner Drache«[61] ausdrückt, wenn er Thomas, den älteren Erfahrenen, zu Kim, den jungen Lernenden, sprechen lässt: »Am unglaublichsten ist die Erkenntnis, dass alles, was es im Universum gibt, von einem gemeinsamen Ursprung herkommt. Die Materie deines Körpers und die Materie meines Körpers sind innigst miteinander verwandt, weil sie aus einem einzigen Energiegeschehen hervorgegangen sind und noch immer in ihm zusammenhängen. Unsere Ahnenreihe reicht über die verschiedenen Lebensformen zurück bis zu den Sternen, zurück zu den Anfängen des urzeitlichen Feuerballs.

Dieses Universum ist eine einzige, vielgestaltige, energiegeladene Entfaltung von Materie, Bewußtsein, Intelligenz und Leben. Und all dies ist neu für uns. Keine der großen Gestalten in der Geschichte der Menschheit hatte eine Ahnung davon, weder Plato noch Aristoteles, weder die alttestamentlichen Propheten noch Konfuzius, weder Thomas von Aquin noch Leibnitz oder Newton noch irgendein anderer Schöpfer großer Weltentwürfe. Wir sind die erste Generation, die eine empirische Sicht der Ursprünge des Universums erleben kann. Wir sind die ersten Menschen, die in den Nachthimmel schauen und dort die Geburt von Sternen, von Galaxien, ja die Geburt des ganzen Kosmos sehen können. Die Zukunft unserer Spezies wird innerhalb dieser neuen Geschichte der Welt geschmiedet werden.«[62]

Brian Swimme hat wahrscheinlich Recht, wenn er sagt, dass die Menschheit bis heute kein genaues Wissen von diesen Zusammenhängen besaß, aber eine Ahnung davon und eine innere Gewissheit von ihrer Einheit mit dem Universum hatten die Menschen schon immer, wenn sie nur tief genug in ihre innere Tiefe hinabhörten oder hinabschauten.

In sich selber hineinhören und -schauen braucht Raum, Zeit und Stille. Die Unruhe der Straßen, die dauernd wechselnden Rhythmen aus dem Radio, die flimmernden Bilder im Fernsehen, die Hektik und Unruhe des heutigen Alltags – sie lassen keine Hinwendung zur Tiefe der Seele zu. Sie stören und sie zerstören den Urraum, die Leere, das »Nichts«, in dem noch nichts ist außer der ganz feinen Urmusik der Natur, in dem sich jedoch etwas für den Menschen Neues, Bedeutendes gestalten, formen und entwickeln kann.

Stille im Garten, Stille in der Seele, Stille im Garten der Seele. Nur die zarten Vibrationen des Kosmos sind hörbar, die der menschlichen Seele erlauben,

einzuschwingen in die Urmusik der Welt. Gehen wir hinein in unseren Garten, den greifbaren oder den imaginären. Setzen wir uns auf eine kleine Steinbank oder auf die Wiese. Lauschen wir den feinen Geräuschen im Garten.

Anfänglich sind es nur wenige, die wir wahrnehmen: Ein feines Singen in der Luft, ein Rascheln in den dürren Blättern, der Gesang eines Vogels, der Wind in den Bäumen, das Gluckern eines Bächleins. Hören wir besser hin, genauer. Da singt nicht nur ein Vogel, viele verschiedene singen oder machen sich in ihrer Sprache bemerkbar. Wir hören auch das Summen der Bienen in den Blumen, das metallige Flügelgeräusch einer großen Libelle, den unverkennbaren Schrei des Milans, der gerade über den Garten zieht.

Viele unterschiedliche Geräusche bringt auch der Wind hervor: Das trockene, etwas scharfe Rascheln in den Bambusblättern, das gleichmäßige, tiefe Rauschen aus der großen Eiche, das federleichte, kaum hörbare aus den herabhängenden Ranken des Reblaubes. Ganz verschiedene Geräusche der Blätter, die im Wind spielen, können wir unterscheiden. Nur der Bach gluckert und blubbert gleichmäßig vor sich hin. Wir hören auch uns selber, unseren Atem, das Klopfen unseres Herzens, wir sind

Teil des Ganzen. Doch hören wir nicht nur eine große Symphonie von Tönen, wir riechen auch. Wir riechen das nahe Wasser, das Gras, die Erde, die Blumen. Vielleicht riechen wir sogar den Wind. Mir ist gerade so, als könne ich den Wind riechen.

Und wir sehen unglaublich viele kleine und große Formen in den Blättern, Blumen, Büschen und Bäumen. Man kann spielen mit den Formen. Man kann sehen, was man schon kennt, Büsche und Blumen, die immer schon da waren. Man kann aber auch sehen, was man noch nicht kennt. Formen lassen sich auseinander nehmen und zu neuen, bisher unbekannten Gebilden wieder zusammensetzen. Ein Spiel ohne Ende.

Wir sehen auch Farben, allen voran unglaublich viele verschiedene Grüntöne. Im Garten bilden sie den Hintergrund, sozusagen die Kulisse für die leuchtenden Rot-, Orange-, Gelbtöne, die tiefen, samtenen Blau- und Violetttöne oder die hellen, lieblichen Pastelltöne der Blumen. Jede Farbe lebt vom Kontrast oder der sanften Untermalung der Grüntöne.

Es ist ein Wunder, was die Natur an grünen Farbnuancen hervorzaubert. Meistens nehmen wir dieses Spiel des Grünen nur wahr, wenn wir uns ihm ganz bewusst zuwenden. Normalerweise bezeichnet man die Farbe Grün vielleicht als beruhigend, oft jedoch als gewöhnlich und sogar langweilig. Und doch ist Grün die Farbe der Hoffnung, des Wachstums, des Lebens und der Auferstehung nach dem Tode. Es ist die Urkraft und Urfarbe des Lebens, die uns im Garten einhüllen, wenn nicht gerade tiefer Winter herrscht. Der Blick ins Grüne tut unseren vom Arbeiten am Bildschirm erschöpften Augen wohl, er belebt uns, wenn wir vom Denken erschöpft sind, und er vermittelt den Kranken Kraft und Hoffnung. Und wiederum meine ich (wie es schon in Kapitel 3 anklang), dass wenigstens der Blick in die Natur auch den Gefangenen nicht vorenthalten werden dürfte.

Bleiben wir eine Weile beim Grün, das ich die Urfarbe des Lebens genannt habe, das aber tatsächlich keine Primärfarbe ist wie Rot, Blau oder Gelb, sondern eine Mischfarbe aus Blau und Gelb. Grün ist eine verbindende, vermittelnde Farbe, sozusagen die Brücke zwischen Himmel und Erde, zwischen Sonnenlicht und Wasser. Grün wäre dann die Zwischenfarbe, die den Garten, »den geheimnisvollen Raum dazwischen« zum grünenden Raum (siehe Seite 142) des Lebens und der Fruchtbarkeit werden lässt. Grün ist eine heilige Farbe in allen Ländern, wo das lebendige Wachstum der Pflanzen dauernd bedroht ist von zu viel Sonne und zu wenig Wasser, also von der Trockenheit der Wüste.

Grün ist die »Sancta viriditas«, die »heilige Grünkraft«, die, wie Hildegard von Bingen es im 12. Jahrhundert sah und wie es heute noch Gelehrte und einfache, »wissende« Menschen sehen, den Makrokosmos und den Mikrokosmos des menschlichen Körpers durchdringt als eine »Kraft aus der Ewigkeit«. Ingrid Riedel schreibt in ihrem Buch »Hildegard von Bingen. Prophetin der kosmischen Weisheit«[63]: »Was mich an ihr (Hildegard) vor allem anspricht, ist dieses: Sie verbindet miteinander, was in der Geschichte des Christentums allzu oft auseinandergerissen wurde. Sie gilt als Heilige, und zugleich ist etwas in ihr von dem, was die ›Hexen‹ auszeichnete, genauer gesagt jene Frauen, die als Hexen galten. Sie wird als Heilige verehrt und zugleich als eine große Heilende, eine Heilkundige, wie es die ›Kräuterfrauen‹, die weisen Frauen der keltischen und germanischen Frühzeit waren. Zugleich ist sie Prophetin wie Deborah, die große Frau des Alten Testaments. Sie hat weisende Worte für ihre Zeit, für Kaiser Friedrich Barbarossa und für die Päpste.

Hildegard war – und das ist vielleicht das Originellste an ihr – zugleich Naturkundige, Naturforscherin. Sie ist eine der besten Pflanzen- und Tierkennerinnen ihrer Zeit. Hildegards Sicht der Natur zeichnet sich vor allem dadurch aus, daß sie den ganzen Makrokosmos und auch den Mikrokosmos von einer einheitlichen Kraft durchwirkt sieht, der sancta viriditas, der ›Heiligen Grüne‹.

Diese ›Heilige‹ ist in der Pflanze; aber ebenso wirkt sie im menschlichen Körper und nicht weniger in der menschlichen Seele:

O edelstes Grün,
das wurzelt in der Sonne
und leuchtet in klarer Heiterkeit,
im Rund eines kreisenden Rades,
das die Herrlichkeit des Irdischen nicht faßt:
umarmt von der Herzkraft himmlischer Geheimnisse
rötest du wie das Morgenlicht
und flammst wie der Sonne Glut.
Du Grün
bist umschlossen von Liebe.

Dieses Grün also ist die ›Herzkraft himmlischer Geheimnisse‹, die ›die Herrlichkeit des Irdischen nicht faßt‹. Als von Gott gezeugte und von ihm her zeugende Kraft wirkt es in allem Grünen auch im übertragenen Sinne, etwa in der Vereinigung von Mann und Frau. Als Keimkraft im werdenden Kinde ist die Grünkraft besonders stark; im Frühling weckt sie die Natur, im Herbst kocht sie alles Gewachsene zur Reife.«[64]

Dieselben Gedanken, wie sie Hildegard von Bingen vor 800 Jahren in Worte fasste, durchdringen auch Brian Swimme, den modernen Physiker. Dem 1. Kapitel seines oben genannten Buches gibt er den Titel: »Der Kosmos als Ur-Offenbarung« und den Untertitel: »Kreativität: Von Anbeginn und überall«. Ganz zu Beginn des Kapitels fragt Kim, der Jüngere, Thomas, den Älteren: »Aber warum nennst du das Universum einen grünen Drachen, wenn es offensichtlich keiner ist?« Thomas antwortet: »Aus verschiedenen Gründen. Ich nenne das Universum einen grünen Drachen, um uns daran zu erinnern, daß wir niemals fähig sein werden, es durch unsere Sprache erfassen zu können. ... Ich nenne das Universum ›Grüner Drache‹, weil ich vermeiden möchte, dich in falscher Sicherheit zu wiegen, wir könnten das Universum in den Griff bekommen wie einen streunenden Hund, der in einen Zwinger gesperrt ist. Ich möchte, daß wir dieses richtige Verhältnis im Kopf behalten, wenn wir uns der Gesamtheit der Dinge – dem ›All‹ eben – zuwenden.«[65]

Wenn wir uns mit der Symbolik des Drachens beschäftigen, erkennen wir, dass der »Grüne Drache« ein wohl gewählter Ausdruck ist für die Kreativität des Universums, denn der Drache an sich ist ein sehr altes Bild für die ungeheuren schöpferischen und zerstörerischen Elementarkräfte des Universums. Ist der Drache grün, hat er mit der heiligen, schöpferischen Grünkraft Hildegards zu tun, er stellt die Urform des Wachstums, der Fruchtbarkeit, des Lebens dar, jener göttlichen Schöpferkraft, die im gesamten Entwicklungsprozess des Universums, der Erde und des Menschen wirkt. Er hat mit dem unauslotbaren Geheimnis des Lebens zu tun.[66]

Eine andere zeitgenössische Forscherin, die Biologin Lynn Margulis[67] fragt in ihrem Buch mit dem Titel »Leben« immer wieder: »Was ist Leben?« Sie geht dem Wesen, dem Ursprung und der Entwicklung des Lebens, diesem ewigen Geheimnis nach, indem sie den Leser durch vier Milliarden Jahre Evolution führt. Im Kapitel »Die Umwandlung des Sonnenlichts« finden wir den kleinen Untertitel »Grünes Feuer«.

Am Ende dieses Kapitels fragt Lynn Margulis wieder: »Was also ist Leben?« Sie schreibt: »Leben ist die Umwandlung von Sonnenlicht. Es ist die Energie und die Materie der Sonne, die im grünen Feuer photosynthetisch aktiver Lebewesen Gestalt annimmt. Es ist die Körperwärme des Tigers, der im Dunkel der Nacht durch den Dschungel pirscht. Es ist der natürliche Charme der Blumen. Das grüne Feuer wandelt sich von selbst zum Rot, Orange, Gelb oder Purpur verführerischer Blütenpflanzen. Mit Wachstum und der Erfindung von Lignin verlagerten die grünen Lebewesen die Biosphäre über den Bodenhorizont. Als Fossilien bewahrten diese Lebewesen das Sonnengold, ehe es erst in jüngster Zeit der menschliche Schmelztiegel der Solarökonomie wieder aufbraucht.

Die lineare Ausrichtung all dieser Umwandlungen müßte schließlich wieder zum Kreisprozeß zurückfinden wie in der zwanghaften Autopoiese[68] der Pflanzen. Mögen wir auch eine intelligente Lebensform sein, so beruht doch ein großer Teil unserer Intelligenz auf dem, was wir heute Photosynthese nennen. Im Blick darauf, wie das Leben solares Feuer in alle Energie- und Stoffkreisläufe der Biosphäre umwandelt, bestaunen wir den einzigartigen Aufstieg der Pflanzen.«[69]

Ich meine, dass auch Lynn Margulis innerlich verwandt ist mit Hildegard von Bingen. Zwar spricht sie das Wort Gott nie aus, doch ist ihr ganzes, wissenschaftliches Buch durchdrungen von einer tiefen Ehrfurcht vor dem Wesen des Lebendigen und von einem Staunen ob der Kreativität der Natur. Man spürt, dass ihr wohl gerade durch ihre wissenschaftliche Arbeit die Existenz einer göttlichen Schöpferkraft besonders tief bewusst wurde.

Es scheint mir ja ganz grundsätzlich so, dass wir dem Wesen eines »Anderen«, sei es die große Natur oder eine einzelne Pflanze, ein Kunstwerk oder eine alltägliche Sache, oder sei es unser eigenes, uns unbekanntes Wesen, erst durch eine lange, sorgfältige und tief gehende Zuwendung nahe kommen. Durch diese, man kann sagen religiöse Beschäftigung mit uns selbst oder mit dem Anderen kommen wir unausweichlich mit der Weisheit der Schöpfung in Berührung. Durch das Wesen oder die Seele des Anderen hindurch, und durch den Blick in unsere eigene Seele hindurch, erkennen wir »das ganz Andere« – Gott.

So ist es auch im Garten: Indem wir uns gleichzeitig ganz nach außen, der uns umgebenden Natur und der Kultur (wir sind ja im Garten, der beides verbindet), und nach innen, unserem eigenen Wesen, unserem eigenen Seelengarten zuwenden, spüren wir die Einheit zwischen innen und außen.

Die Stille im Garten macht es möglich, dass sich ein Raum öffnet für das Erleben einer Verbundenheit unserer selbst als kleiner Mensch mit der Natur und dem Universum. Wir fühlen uns nicht mehr allein, sondern als Teil eines Ganzen. Wir können lächelnd (lächelnd im Sinne von entspannt, glücklich,

friedvoll) sagen, dass wir geborgen sind im schützenden Gartenzaun wie in den Armen der Mutter Natur. Dieses Gefühl der Geborgenheit im überschaubaren Grünraum ist es wohl, das die Menschen, die großen und die kleinsten, dazu bringt, sich Gärten und Gärtchen anzulegen.

Gehen wir zurück zur Steinbank in unserem Garten. Nein, setzen wir uns nun auf die Wiese, mitten hinein in die »Grünkraft«. Hören, riechen, ertasten und betrachten wir noch einmal den Garten mit all seinen Bäumen, Blumen, Büschen, der Erde, dem Bach oder Brunnen und den Tieren, den Vögeln und Schmetterlingen. Erspüren wir auch uns selber, auch wir gehören dazu. Vertiefen wir uns in das Geheimnis des grünen Feuers, des »Grünen Drachens« und der »Heiligen Grünkraft«. Was ist das Leben? An welcher großen Schöpferkraft haben wir teil? Diese Fragen wachsen aus der Betrachtung und dem Einssein mit dem Garten, und es könnte sein, dass sie uns hinführen zu dem Geheimnis, das wir Gott nennen.

8
Alltag im Garten

Arbeit im Garten ist auch Arbeit im Seelengarten

Alltag im Garten – das wissen alle, die einen Garten zu pflegen haben – bedeutet nicht nur Freude, Schönheit, Sinnlichkeit oder stille Meditation, sondern viele, sich immer wiederholende, gewöhnliche, mühsame und oft auch langweilige Arbeit. Man tut sie eben, weil man dabei ja das Ziel, den Garten in Ordnung zu halten, vor Augen hat. Das Verfolgen dieses Zieles könnte man vergleichen mit den tausend kleinen, mühsamen Schrittchen, die einer tut, um am Ende vom Gipfel des Berges befriedigt die Aussicht zu genießen.

Im Garten schneidet man den Rasen, jätet, nimmt die welken Blätter zusammen, alles mäßig interessante Tätigkeiten, doch als unerwartetes Geschenk für die wenig beflügelnde Arbeit vergisst oder verdaut man vielleicht seinen Kummer oder den Ärger, der einen vorher umgetrieben hat. Oder man schneidet die Hecken und Sträucher und denkt dabei darüber nach, dass man auch in seiner Seele überflüssige »alte Zöpfe« wegschneiden könnte, um Platz zu schaffen für neues Leben. Vielleicht düngt und wässert man auch seine Pflanzen mit liebe-

voller Hingabe, bemerkt aber auf einmal, dass man seinen Blumen und Gemüsen viel mehr Zuwendung gibt als sich selbst. Nicht wahr, oft hätscheln wir unsere Blumen, sprechen liebevoll zu ihnen, sehnen uns sogar nach ihnen wie nach lieben Menschen, während wir unsere eigenen Körper und Seelen lieblos vernachlässigen... Gelegentlich benehmen wir uns dem Garten gegenüber sogar genauso wie gegenüber Menschen. Pflanzen, die wir mögen, umsorgen wir mit größter Hingabe. Pflanzen, die nicht in unser Weltbild passen, lassen wir kurzerhand verdorren. Unsere Charakterzüge zeigen sich natürlich auch im Umgang mit dem Garten.

Unendlich viele Bezüge lassen sich weben zwischen Menschen und Garten, denn Menschen und Gärten sind beide lebendige Wesen, die geliebt oder gehasst, umhegt oder vernichtet werden können. Zwischen Gärtnern und ihren Gärten besteht eine sehr gefühlsbetonte, gelegentlich auch eine emotionsgeladene Beziehung, so, wie sie zwischen zwei Menschen oder aber zur eigenen Seelenwelt besteht.

Es geht ein vielfältiges Geben und Nehmen hin und her zwischen Menschen und Gärten, ein andauernder fließender Kräfteaustausch, oft ist es auch ein Kräftemessen, das den Menschen aber offensichtlich letztlich doch wohl tut, sonst würden sie sich nicht ein Leben lang so intensiv mit ihrem Garten verbinden und beschäftigen, man könnte fast sagen: verheiraten. Natürlich gibt es auch Gartenmenschen, die sich krank plagen mit ihrem Garten, doch davon will ich nicht schreiben, weil Selbstquälerei dem Wesen Aphrodites, der Göttin des Gartens, sehr fremd ist.

Hingegen möchte ich nun von einem ganz besonderen Gartenerlebnis berichten, das Sie sicherlich auch kennen. Möglicherweise ging es Ihnen dabei wie mir: Sie wurden innerhalb kurzer Zeit in alle Höhen und Tiefen Ihrer Gefühlswelt gejagt, um am Ende erschöpft oder resigniert zu sagen: »Ja dann halt, es gibt nichts anderes, ich muss mich dahinter machen ...«

Stellen Sie sich also folgende Situation vor: Es ist Juli. Ihr Garten glüht (da habe ich mich verschrieben, aber glühen ist genau so richtig wie blühen ...) so schön wie noch nie. Man meint das ja jedes Mal, wenn er gerade in voller Pracht dasteht, weil man sich nicht mehr an vorgestern erinnert, als man seinen Garten umarmen wollte, weil er so schön war! Die letzten Rosen sind noch da, die ersten Sommerblumen leuchten, das Gras ist vom freundlichen Alfonso säuberlich geschnitten worden, die üppigen blauen Petunien in den Töpfen sind eine Wonne, das Basilikum ein Genuss, das Unkraut hält sich in Grenzen, kurz – es ist der absolut schlechteste Zeitpunkt, um den Garten zu verlassen und in die Ferien zu fahren.

Doch es ist unvermeidlich. Sie wollen wegfahren. Sie können den Garten nicht mitnehmen wie Ihre Hündin, die liebe Gefährtin. Sie können den Garten nicht zur gütigen Großmutter bringen, wie Sie es vielleicht mit Ihren Kindern tun dürfen. Also suchen Sie sich ein zuverlässiges, kundiges Wesen, das Ihren Garten wässert, nicht zu viel und nicht zu wenig, eben so richtig mit Gefühl. Auf den Himmel verlassen Sie sich nicht, denn wie wir bald sehen werden, ist er nicht zuverlässig. Solche »Engel«, die anderen Menschen den Garten und die Töpfe gießen, gibt es, denn – das ist es ja eben – sehr viele Menschen lieben Gärten und können es nicht mit ansehen, wenn Blumen und Gemüse verdursten.

Auch ich habe für die Zeit der Ferien eine liebevolle »Gärtnerin« gefunden. Also stelle ich Gießkannen und Wasserschläuche bereit, die Schneckenkörner lasse ich verschwinden – sie könnte ja etwas dagegen haben, wegen der Igel zum Beispiel oder weil ja nicht sie die Petunien aufgezogen hat, also nicht mit solch fanatischer Mutter-Liebe an ihnen hängt wie ich! –, dann binde ich noch

hier eine Sonnenblume fest, knapse dort eine Ranke ab, damit die Trauben mehr Kraft bekommen, stecke vorsorglich Dünger in die Erde der Datura, weil sie heuer etwas mager ist, rede meinem Garten gut zu und fahre weg.

In den Ferien denke ich oft an meinen Garten. Zugegeben, nicht so oft wie an meine Familie, aber doch immer wieder. Ich frage mich beispielsweise, ob der Himmel mit meinem »Gartenengel« zusammenarbeitet bzw. nachts fein und sanft Regen fallen lässt oder ob er wilde Gewitter mit Sturm und Hagel schickt. Hagel schlägt Löcher in die zarten Blütenblätter und zerstört die hoffnungsvollen Früchte. Hagel tut weh im Herzen der Gärtner.

In fremden Ländern schaue ich in fremde Gärten, werde neidisch ob der südlichen Blütenpracht und wünsche mir ein wärmeres Klima zu Hause. Diese üppigen Büsche voller roter Hibiskusblüten! Wie herrlich sind sie! Wie mickerig nimmt sich dagegen zu Hause meine Hibiskuspflanze im Topf aus! Ich sagte es bereits: Der Garten macht einen gierig, man möchte immer mehr und Schöneres haben. Dabei sind doch die wenigen Blüten meiner Hibiskuspflanze so wunderschön! Kann ich denn nie zufrieden sein? Ich moralisiere mich selbst für meine Unersättlichkeit an Blumen, bin mir aber gleichzeitig bewusst, dass das alles innere Unersättlichkeiten sind, also mehr mit meinem Seelengarten zu tun haben. Büsche voller leuchtend roter Hibiskusblüten bedeuten Sonne, Licht, Wärme, Freude, Vitalität, nach denen ich mich als Wintergeborene wohl immer sehnen werde. Trotzdem, wie ich am Anfang dieses Buches schrieb, liebe ich meinen Garten sehr und kehre immer wieder mit Freude heim. So auch dieses Mal.

Kaum durch die Haustüre getreten, lasse ich alles – Koffer, Tasche, spannende? Briefe – liegen und eile in den Garten. Wie geht es ihm? Wie hat er die

Zeit ohne mich überstanden? Blüht wohl die herrliche, tiefblauviolette Clematis noch? Gibt es kleine Tomaten? Stehen meine Sonnenblumen noch? Dieses Jahr habe ich sie nämlich in riesige Tontöpfe gepflanzt, damit sie für einmal nicht von den Schnecken gefressen werden. Wie ein Kind, das nach den Ferien mit freudigem Herzen all seine Spielsachen wieder begrüßt, begrüße ich meinen Garten. Nichts ist verdorrt, alles ist grün und saftig. Danke, lieber Gartenengel! Wie schön, freue ich mich beim ersten Anblick des üppigen Grüns! Noch freundlich gesinnt, verzeihe ich den Tomaten, dass sie nicht strotzen vor Früchten. Tomaten kann ich auch kaufen. Aber das Basilikum dazu hole ich mir aus meinem Garten, denke ich!

Moment mal, wo ist es denn, das Kraut, von dem ich früher sagte, dass es eine so üppige, sinnliche Schönheit und Kraft ausstrahlt? Ein paar kleine abgefressene Stängelchen finde ich noch im einen Topf. Im anderen, der vorsorglich auf einem Sockel steht, gibt es noch ein paar Pflänzchen. Arme, angefressene Pflänzchen, die nicht einmal für einen Fingerhut voll Pesto reichen würden. Diese verd... Schnecken, hemmungslos verdamme ich sie, schimpfe vor mich hin, denn natürlich haben sie sich nicht nur hinter das Basilikum gemacht, auch die Petunien sind angeknabbert, auch die Tagetes zeigen ihre schleimigen Spuren. Hätte ich nur, Naturschutz hin oder her, ganze »Zäune« von blauen Schneckenkörnern um meine Lieblinge gestreut! Schnecken lösen heute in mir Aggressionen und recht grausame Phantasien aus.

Doch für den Moment unterdrücke ich die bösen Gedanken und versuche sogar, das Beste aus der ärgerlichen Situation zu machen. Nämlich – der kahl gefressene Basilikumtopf ist jetzt frei für neue Pflanzen. Und, wie ich meine, gibt es nichts Schöneres als leere Räume, leere Papierbogen, leere Töpfe, unbepflanzte kleine Fleckchen Erde, denn sie beflügeln die Phantasie. Wie könnte der Raum eingerichtet werden? Was könnte man auf das Papier malen oder schreiben? Was könnte ich hier noch säen? Oder in diesen Topf noch pflanzen?

Sie kennen das Spielchen sicher aus eigener Erfahrung. Manchmal muss man gar nicht lange denken und sich anstrengen, denn wie gerufen kommt eine liebe Freundin zu Besuch und bringt eine wunderschöne Pflanze mit, die nur darauf gewartet hat, in den leeren Topf gepflanzt zu werden. Gar nicht alles muss gleich bestimmt und gemacht werden, viele leere »Räume« füllen sich ganz von selbst. Man muss nur warten können.

Und so gehe ich auf meinem Rundgang weiter zum Beet mit den neu gepflanzten englischen Rosen. Von weitem sieht es herrlich grün und saftig aus. Meine Laune klettert wieder in die Höhe. Aber wo sind denn die Rosen geblieben? Nur bei ganz genauem Hinsehen finde ich zwischen den fetten, tellerrunden Blättern der Kapuzinerli (wie die Schweizer sie nennen) einige gelbliche und rosa Rosenknospen. Freude! Ich hatte geglaubt, dass diese Rosensorte nur einmal blüht! Aber wo kommen denn diese vielen Kapuziner her? Ich kann es ihnen nicht übel nehmen, dass sie alles überwuchern, sie sind so schön mit ihren Wasserperlen in der Mitte der Blätter. Natürlich, jetzt begreife ich, es hat viel geregnet, während ich weg war, und nun sind alle Samen vom letzten Jahr aufgegangen. Eigentlich bedrängen sie die Rosen, aber warum sollen sie nicht neben meinen Rosen leben? Ich bin keine besonders ordentliche Gärtnerin, lasse die Überraschungen leben und freue mich schon auf den Herbst, wenn ihre langen Ranken durch den Garten kriechen und überall leuchtend rote, orange und gelbe Blüten verteilen. Und – die Kapuziner widerstehen den Schnecken. Ich lobe sie dafür.

Auch ein großes Lob bekommen die lieblichen blauen »Jungfern im Grünen« (Nigella). Sie wachsen aus allen Ritzen und Ecken und überdecken den Boden mit ihren blauen Sternen, die so versponnen im filigranen Grün sitzen. Ihre Samenstände sind kugelig, fast wie Stachelbeeren, und auch getrocknet lustig anzusehen. Sie haben etwas Hexisch-Märchenhaftes an sich. Aber jetzt sehe ich in einem großen Gartenstück etwas, das mich nicht aggressiv macht wie die Schneckentragödie, sondern eher Verzweiflung in mir aufkommen lässt. Ich sehe, besser gesagt, ich sehe eben nicht mehr viel – nämlich von meinen Sommerblumen. Sie sind umwickelt, gefangen, überwuchert, zugedeckt von Winden. Oh Elend! Oh Jammer! Winden, dieses Schlimmste aller Unkräuter!

Das ist es, was mich, zusammen mit dem Waldrand, der wie eine feindliche Armee in meinen Garten vorstößt und bekämpft werden muss, den Brombeerranken, die meterlang in die Wiese wachsen, der Glyzine, die in den Rollladenkasten wächst, der Clematis montana, die das Dach bedroht, und vielem, vielem anderen resigniert und in Gedanken schon erschöpft sagen lässt: »Dann halt, morgen und übermorgen muss es sein!« Wieder einmal bestätigt sich, dass die Natur alles überwächst – »Natura abhorret vacuum …«, sagen die Lateiner – und dass der Garten nur ein Garten bleibt, wenn der Mensch mit Hacke, Rechen, Schere und festem Willen eingreift. Arbeit, Arbeit, Arbeit im Garten!

Zum Trost wenden wir uns nun einem klugen Ausspruch zu, der aus einem sehr reizvollen englischen Buch voller kürzerer und längerer Beiträge von Gärtnerinnen über das Gärtnern stammt: »… Perhaps the chiefest attraction of a garden is that occupation can always be found there. No idle people are happy, but with mind and fingers busy cares are soonest forgotten.« – »Etwas vom Reizvollsten am Gartens ist, dass man dort immer eine Beschäftigung findet. Faulenzer sind nicht glücklich, aber wenn Geist und Hände beschäftigt sind, sind die Sorgen schnellstens vergessen.« (Alicia Amherst, 1902)[70]

Wird da nicht eine große Wahrheit ausgesprochen, die uns versöhnen kann mit der Mühe im Garten und die wir viel zu wenig beherzigen? Nämlich, dass sich eine Arbeit mit den Händen entspannend und klärend auf das Gemüt auswirken oder dass eine Arbeit, die Geist und Hände beschäftigt, die Menschen zufrieden und glücklich machen kann.

Dass dem so ist, wissen wohl die meisten von Ihnen aus eigener Erfahrung; warum es so ist, wollen wir im Folgenden nun ein wenig genauer betrachten – einerseits, um die gute Seite der Gartenarbeit wieder ins Licht zu rücken, andererseits, um Ihnen die Arbeit mit den Händen, die ja sehr schöpferisch sein kann, ganz allgemein nahe zu bringen.

Zunächst aber will ich noch mit ein paar Bildern Ihre Erinnerungen auffrischen: Kennen Sie einen Mann, der frustriert und verärgert aus dem Büro nach Hause kommt, stachelig wie ein Kaktus die Familie bestichelt und sich dann – Gott sei Dank – in den Bastelraum verzieht? Dort schneidet, feilt und klebt er – mit seinen Händen – an irgendeinem wundersamen Gebilde herum, um dann nach einer guten Stunde freundlich und geläutert am Familientisch zu erscheinen. Oder kennen Sie einen Mann, der mit Hingabe, ja mit echter Lust den Garten jätet, mit seinen Händen natürlich, und sich dabei von seiner anstrengenden, einseitigen Kopfarbeit erholt? Haben Sie schon Kinder erlebt, die krank sind an Körper oder Seele und die sich verkriechen, um ihren Kummer, ihre Ängste oder ihre Schmerzen in ein Bild hineinzumalen, und damit ihre Selbstheilung fördern? Auch Frauen gibt es, die ihren Schmerz oder ihre Liebe in einen Kuchen hineinbacken oder ihre zärtliche Sehnsucht in einen weichen Pullover hineinstricken. Und Frauen, da zähle ich mich selber dazu, die, wenn sie von Gedanken und Ideen umgetrieben werden, allein sein möchten und sich, mit Hacke und Schere bewaffnet, zur »Arbeit mit den Händen« in den Garten verziehen.

Dort geschieht dann immer wieder etwas schwer zu Beschreibendes, etwas rational nicht wirklich Verstehbares: Festgefahrene Gedanken und Emotionen beginnen sich zu lösen, das Bewusstsein entkrampft sich. Kümmernisse werden wie von magischer Hand weggewischt, und vage Ideen bekommen eine Form. Es ist, wie wenn der direkte, sinnliche Kontakt mit der Erde und den Pflanzen eine besänftigende, weich machende Wirkung auf die Menschen ausübte. Ihre Energien kreisen nicht mehr um innere Probleme, sondern werden nach außen gezogen von der immer wieder überraschenden, faszinierenden Lebendigkeit der Natur.

Hier sehen sie eine interessante Blattform, dort einen bisher nie gesehenen Schmetterling ..., eine kleine Überraschung folgt der anderen. Die Lebensenergien beginnen wieder zu schwingen, eine gute, heilende Kraft geht über die Augen, die Nase und vor allem über die Hände auf den ganzen Menschen über. Und – wie Alicia Amherst sagt, ist diese wohltuende »Hand«arbeit gerade im Garten überreichlich vorhanden. Gartenarbeit stellt deshalb eine nie versiegende Heilquelle für unsere seelisch-geistige und körperliche Gesundheit dar! Dies sage ich mit einem kleinen Lächeln, da ich sehr wohl weiß, dass viele Tätigkeiten für unsere Gesundheit förderlich wären, würde uns nicht oft unsere Bequemlichkeit davon abhalten. Doch lassen wir die Bequemlichkeit und andere Menschlichkeiten beiseite und wenden wir uns unseren Händen zu, für die wir nicht genug Respekt und Liebe haben können.

Hände bilden die Brücke zwischen uns und unserer Umwelt, sie verbinden die Innenwelt und die Außenwelt, indem sie sichtbar und greifbar machen, was in uns zur Gestaltung drängt.[71] Sie erlösen uns sozusagen von unserem Drang zum Formen und Schöpferischsein. Dieser Drang ist eine tief menschliche Eigenschaft, wir wollen und müssen unser Innenleben auch im Außen realisieren. Viele seelische Leiden haben ihren Ursprung in blockierten, zurückgehaltenen Regungen und Ideen. Diese ungeformten Energien blähen die Menschen auf und lassen sie so lange leiden, bis sie tätig werden und den ungeformten Energien eine Form geben. Die Werkzeuge dazu sind vor allem unsere Hände. Sie nehmen die Gestaltung des Ungestalteten »in die Hände« und leiten eine Wandlung ein, die eine Heilung möglich macht. So kann es geschehen, dass ein Mensch durch die Fähigkeiten seiner Hände wieder ganzheitlich ins Gleichgewicht kommt. Und eine Möglichkeit zu dieser Art Selbstheilung ist eben, wie die englische Gärtnerin sagt, die Arbeit im Garten.

Es gibt aber noch viele andere Möglichkeiten, mit seinen Händen schöpferisch tätig zu werden, ich erwähnte beispielsweise bereits das Basteln und Werkeln, Kochen, Malen und Schreiben, Modellieren oder – was dem Gärtnern sehr nahe kommt – das Spielen und Gestalten im Sandkasten. Es kann sich dabei um den Sandkasten der Kinder im Garten handeln oder um den anfäng-

lich genannten therapeutischen Sandkasten, mit dem ich in meiner Praxis arbeite.[72] Immer werden dabei auf spielerische, schöpferische Art innerseelische Inhalte im Außen gestaltet. Wir geben unserer Innenwelt eine sichtbare, greifbare Form, das heißt, wir legen sie nach außen und können sie auf diese Weise sehen und erfassen, auch im geistigen Sinne. Wir können glückliche, schöne und gesunde Dinge gestalten, es können aber auch Ängste, negative Erinnerungen sichtbar und erkennbar gemacht und auf diese Weise gewandelt und aufgelöst werden. Die Lebensenergien beginnen wieder zu fließen, neue Lebensmöglichkeiten öffnen sich. Man könnte fast sagen, dass ein Mensch durch das Streicheln, Kneten und Gestalten der Erde oder des Sandes seine eigenen Blockierungen, Verhärtungen und Versteifungen massiert, lockert und wieder zum lebendigen Spielen bringt.

Nach meiner Erfahrung ist es so, dass bei diesen Tätigkeiten in großem Maße über den Körper die Seele und der Geist beeinflusst und geheilt werden. Es sind Zusammenhänge, wie sie Erich Blechschmidt, Professor für Anatomie, in seinem Buch »Wie beginnt das menschliche Leben: vom Ei zum Embryo«[73] beschreibt. Ich zitiere hier einen kleinen Abschnitt, der aber niemals die Bedeutung des gesamten Buches für das Thema wiedergeben kann. Er schreibt: »Wenn wir uns darüber freuen, daß ein Kleinkind, das kaum stehen kann, alles be-greifen will, merken wir, daß ohne das körperliche ›Hantieren‹ ein geistiges Be›greifen‹ nicht zur Entwicklung kommt. Erst später können gegenständlich ergriffene Dinge, die mit der Hand ›gefaßt‹ werden, auch im geistigen Sinne ›aufgefaßt‹ werden. …

Wie sehr die normale Hand beim Begreifen im Spiel ist, verrät u.a. der Wortschatz der Umgangssprache. Wir sprechen von Ver›handlungen‹, es ›handle‹ sich um etwas, jemand habe eine vor›gefaßte‹ Meinung oder eine schnelle Auf›fassung‹. ... Sogar der Sinn von Wörtern wie be›ziehen‹, an›nehmen‹, zurück›führen‹ beruht auf somatischer Vorerfahrung unseres eigenen Körpers und nicht etwa auf einer vielleicht rein logischen Denkkraft. Offenbar vermögen wir beim Gebrauch unserer Hände ein Werkzeugbewußtsein auszubilden, durch das wir unsere Hände als Denkmittel zu gebrauchen lernen.«[74]

Damit wird klar, dass die Körperaktivität der Bildung von psychischen Strukturen vorangeht und ausschlaggebend an deren Ausformung beteiligt ist. Darüber hinaus ist es so, dass es sich bei sehr vielen körperlichen Erfahrungen des Menschen um sehr frühe und sehr individuelle, subjektive handelt – verbunden mit seelischen Prägungen, mit Emotionen und inneren Bildern, die aber in den meisten Fällen im Unbewussten verborgen sind.

Diese Prägungen, die durch die Sinne, ganz speziell durch den Tastsinn der Hände, erworben wurden, werden später im Leben auch wieder durch den Tastsinn auferweckt und wieder belebt. Sind es positive Erfahrungen, können sie dem Bewusstsein angefügt werden, sind es negative, können sie durch neue, auch zum Beispiel durch in einer das kreative Tun betonenden Therapie erworbene, positive Prägungen ausbalanciert werden. Da die Erde, wie der Sand oder Lehm, für uns primär mit Wachstum, Fruchtbarkeit, Leben und schöpferischem Gestalten verbunden ist, hat schon allein der körperliche Kontakt, ganz zu schweigen von der körperlichen Beschäftigung mit ihr, eine ganz machende, heilende Wirkung auf die Menschen. Erinnern wir uns an den kleinen Jungen (siehe Seite 108), der sich im Frühling auf der erwärmten Erde rollte und so seinen ganzen Körper mit der positiven Kraft der Erde und des Wachstums in Verbindung brachte!

Hier möchte ich noch ein Beispiel anfügen dafür, wie der körperliche Kontakt mit der Erde und den Pflanzen im Garten für seelische Probleme heilsam werden kann. Menschen erleben den ersten, so ausschlaggebenden Körperkontakt als Babys und ganz kleine Kinder bei Mutter oder Vater. Dieser körperliche Austausch kann wärmend, schützend und wohlig sein. Das Kleinkind gewinnt Vertrauen in seinen Körper und in den Körper der Eltern. Ganz früh setzt sich in ihm das gute Gefühl fest, dass Körperlichkeit, Körpergefühl und das körperliche Greifen und Handeln etwas Gutes sind.

Andere Kinder erleben Körperkontakt als »zu viel«, als erstickend, bedrängend, ja direkt als Übergriff auf ihre Intimität und Integrität. Diese Kinder werden später kontakt- und körperscheu. Sie haben Angst vor der Körperlichkeit, der Sinnlichkeit, vor der Berührung durch andere Menschen.

Doch genau so schlimm wie das Erleben von zu viel ist der totale Mangel an körperlichem Kontakt. Wir dürfen wirklich nicht vergessen, dass ein Kind, das bei Vater oder Mutter, oder bei beiden, gar keinen Körperkontakt erlebt, ebenso leidet. Es wird sich in den Intellekt zurückziehen, es wird die normale vertrauensvolle Begegnung mit anderen Menschen vermeiden, es wird vor dem konkreten Handeln zurückschrecken. Diese Menschen haben später im Leben äußerste Mühe mit der konkreten Welt. Sie sind geprägt von unbewusstem Misstrauen und Angst, Angst auch vor Sexualität, die im Erwachsenenalter mit Körperlichkeit verbunden wird.

Zu diesem Thema ließe sich sehr viel beifügen, doch meine ich, dass es das Wesen dieses Buches zu sehr verändern würde. Erinnern wir uns stattdessen noch einmal an das, was Ginette Paris über Blumen, Gärten und Aphrodite sagt (siehe Kapitel 5): »Gärten drücken die Sinnlichkeit einer Kultur aus, eine Art von Sinnlichkeit, die all denen, die auf Grund ihrer Erziehung oder ihres Alters das Ausleben der Sexualität ablehnen oder die Möglichkeit dazu verloren haben, den Vorteil der Angstfreiheit gewährt.«[75]

Der Garten bietet also einen geschützten Raum, in dem der körperliche, sinnliche Kontakt mit der Natur angstfrei geübt werden kann. Trotzdem ist oft Angst dabei, aber wie ich bereits anmerkte, sind weder Erde noch Pflanzen böse. Im Gegenteil, sie sind großzügig und gütig und schenken dem scheuen, verängstigten Menschen ihre Schönheit, ihre Formbarkeit, ihre Fruchtbarkeit, ihr ganzes Wesen. Ein kleiner oder ein großer Garten lässt die Menschen auf zurückhaltende Weise teilhaben an der greifbaren Welt, ohne sie zu vergewaltigen. So

können die Zärtlichkeit und der Körperkontakt, die in der Kindheit so sehr fehlten, im Garten gelernt und angenommen werden.

Ist es nicht so, dass kleine, liebevolle Blumen in unseren Träumen erscheinen, weil sie uns etwas zeigen und schenken möchten? Ich weiß wohl, dass zärtliche Blumen kein Ersatz für liebende Menschen sind, doch ist der Garten eine *Zwischenwelt*, eine Zwischenstation, in dem angstfrei erfahren und geübt wird, was ganz früh im Leben nicht möglich war und doch für ein erfülltes Erwachsenenleben unabdingbar ist.

Kehren wir nun noch einmal zurück zur Beziehung zwischen der Seele des Gartens und dem Garten der Seele. Ist es nach all den beschriebenen Verbindungen zwischen der inneren und der äußeren Welt noch erstaunlich, wie viele Fäden zu unserem inneren Leben wir spinnen bei der Arbeit im realen Garten? Ich glaube nicht, denn Gartenarbeit ist über das eben Beschriebene hinaus auch noch eine gemächliche, meditative Tätigkeit, die Zeit lässt zum Nachfühlen und Raum gibt für innere Bilder. Sie ist eine Tätigkeit wie Nähen, Sticken, Stricken, Kochen und Backen, oder Briefe (von Hand) schreiben. Diese »weiblichen« Arbeiten gehen langsam voran, lassen Zeit zum Nachdenken und – wie gesagt – zum Fühlen.

Das echte Fühlen, sei es das Mitfühlen oder Sich-Einfühlen in andere Menschen oder Vorgänge, oder sei es das Hineinfühlen in die eigene seelische Befindlichkeit, braucht Zeit. Fühl-Menschen sind langsame Menschen, denn das Gefühl wägt ab, wandert innerlich hin und her, bewegt sich nach außen zu den anderen Menschen, bewegt sich nach innen zu den vielen Schichten der eigenen Seele, es sucht sich seinen Weg durch Licht und Schatten, durch Klares und Nebelhaftes; man könnte erneut das Bild vom Weben eines Teppichs hervornehmen, auf dem mit fortschreitender Web-Arbeit, Fühl-Arbeit langsam ein Bild sichtbar wird (siehe Seite 22).

Sogar das Abwaschen von Geschirr kann eine solche, die inneren Bilder und Gefühle stimulierende Tätigkeit sein: Einmal hat mir eine hochintelligente Frau gesagt, sie liebe das Abwaschen, weil es ihr die Möglichkeit gebe, über etwas nachzusinnen, oder auch, um mit den Kindern in Ruhe die so wichtigen, intimen Mutter-Kind-Gespräche zu spinnen. Natürlich können Mutter-Kind- oder Vater-Kind-Gespräche überall und bei allen Tätigkeiten geführt werden, wo die Zeit und der Raum für gefühlvolle Zweisamkeit gegeben

sind. Eben auch im Garten beim Pflanzen oder beim Beerenablesen, beim Bohnenabfädeln, Erbsenaushülsen oder beim Jäten.

Alle diese oder ähnliche Tätigkeiten gehen langsam und rhythmisch vor sich, man wiederholt dieselben Bewegungen eine gewisse Zeit lang, man kennt sie, und das gibt die Möglichkeit, dabei den eigenen, vielleicht ganz anderen Gedanken nachzusinnen. Es sind keine grandiosen Tätigkeiten, man wird nicht »high« davon, aber sie wirken sich beruhigend und ausgleichend aus auf unser normalerweise eher hektisches Leben und unseren strapazierten Denk- und Reaktionsapparat.

Übrigens sind diese »weiblichen« Arbeiten meistens mit viel Liebe verbunden, denken wir nur an das liebevolle Zubereiten von Mahlzeiten für jemanden, oder an die vielen sorgenden und hoffenden Gedanken für einen kleinen oder großen Menschen beim Stricken eines »Babyschlüttlis« oder eines Pullovers. Es kann auch beim Zeichnen eines Bilderbuchs sein, beim Pflanzen eines Tulpengärtchens in einem Blumentopf, beim Zusammenrechen des Herbstlaubes oder beim Jäten.

Ja, wenden wir uns wieder dem Jäten zu. Es ist die Gegentätigkeit zum, man könnte sagen: mütterlichen Pflanzen. Man rupft aus, zerstört, wirft weg. Eine gewisse Aggressivität kann beim Jäten durchaus ausgelebt werden. Jäten hat auch etwas zu tun mit »unterscheiden« von Kraut und Unkraut, von Nützlichem oder Erwünschtem und Unnützlichem oder Unerwünschtem. Es hat zu tun mit Ordnung machen, innerlich und äußerlich.

Aber schon wird es schwierig, denn jeder Mensch hat andere Vorstellungen von Ordnung im Garten und auch sonst im Leben. Die einen rupfen jedes Kräutchen und Blümchen – selbst im Rasen – aus, das nicht ganz genau in ihre subjektive Ordnung passt. Diese Gärten haben dann etwas Perfektionistisches an sich und sind oft sehr langweilig. Da blüht nichts Unerwartetes, es gibt keine Überraschungen, den Spielereien der Natur wird kein Raum gelassen. Möglicherweise mögen deshalb Kinder das Jäten nicht, weil sie selber noch so verspielt sind und alles ausprobieren möchten, »Kraut«, wie »Unkraut« – Kinder unterscheiden auch noch nicht nach »nützlich« und »unnützlich«, sondern viel eher nach den Kriterien von »etwas mögen« oder eben nicht. Sie sind noch nicht geeignet für »ernsthaftes« Jäten.

Erwachsene hingegen können sehr ernsthafte, sachliche Jäter sein: Sie entscheiden sich hier für Salatköpfe und dort für Tagetes, in dieses Beet kommen nur weiße Röslein und in jenes nur kleine Begonien. Das sieht dann sehr ordentlich aus, wie auf einem gepflegten Friedhof. Der sachliche Jäter eliminiert alles, was nicht nach Salat, Tagetes, Röslein oder Begonien aussieht. Kein vom letzten Jahr überwinterter Same, zum Beispiel von Kapuzinerkresse (erinnern Sie sich an meinen Garten?), kann wachsen, kein über den Zaun gewehter Mohnsame kann sich entwickeln, alles Unpassende wird sachlich ausgerupft. Was mögen das wohl sonst für Menschen sein? Darüber nachzudenken überlasse ich Ihnen!

Denn es gibt noch einen anderen, interessanten Umgang mit Unkraut. In dem genannten Buch auf Seite 153, geschrieben von englischen Gärtnerinnen, merkt 1987 Ursula Buchan folgendes an: »Unkraut übt eine eigentümliche Faszination auf uns aus. Es fesselt uns endlos, so wie ein Feind, der in unseren Gedanken und Planungen so viel mehr Raum einnimmt als jeder Freund, und den wir (auch wenn wir es niemals zugeben würden) vermißten, wenn er plötzlich wegziehen würde. Ich kenne das Unkraut in meinem Garten besser als die meisten meiner Blumen, und ohne es (das Unkraut) wären meine Siege (über das Unkraut) fade Angelegenheiten. Unkraut sorgt für die Herausforderung, die die meisten Gärtner brauchen. Manchmal mag es uns so unausrottbar erscheinen wie die Erbsünde, doch wir würden nicht gerne zugeben, daß wir keinen starken Drang in uns fühlen, das Unkraut, wie die Sünde, zu überwinden.«[76]

Diese Einsicht in die »Sache Unkraut« ist höchst amüsant. Vielleicht weniger vom äußeren Standpunkt des konkreten Unkrauts aus betrachtet als aus der inneren Sicht des Feindbildes, das wir hassen, über das wir uns dauernd beklagen, an dem wir aber hängen wie eine Klette an unseren Strümpfen. Das äußere Unkraut ist in der Tat so schlecht ausrottbar »wie die Erbsünde«. Dass wir aber geradezu daran hängen, könnte ich nicht bestätigen, oder dann eben nur, um »Vernichtungs-Siege« feiern zu können. Denn gelegentlich erfasst uns schon ein wilder Drang, mit Hahnenfuß, Löwenzahn, Winden u.a.m fertig zu werden!

Hahnenfuß und Löwenzahn kann man mit Geduld und dem richtigen Werkzeug beseitigen. Doch die Winden, wir wissen es, sie umschlingen nicht nur alles, das in die Höhe strebt, sondern ihre Wurzeln kriechen im Verborgenen tief im Boden herum und stoßen dort, wo man sie nicht erwartet, wieder hervor. Sie werden zu innerem Unkraut, sie sind richtige Psychopflanzen! Man könnte sie vergleichen mit Geschwätz und Gerüchten. Sie treiben zwar hübsche Blüten (es ist doch witzig, sich über andere Menschen lustig zu machen, und interessant, die neuesten Neuigkeiten über andere zu wissen und zu verbreiten ...), aber das Geschwätz umschlingt und schädigt die persönliche Freiheit der anderen, so, wie es die Winden mit ihren Nachbarspflanzen tun. Und ihre unterirdischen Wurzeln schleichen boshaft weiter, wie es auch Gerüchte tun. Irgendwo tauchen sie wieder auf und wickeln jemanden ein.

Winden können auch ein treffendes Bild sein für heimliche Machtgelüste. Man meint, man hätte sie in der eigenen Seele ausgerissen, besiegt. Man bemüht sich doch, gut zu sein, seine Machtansprüche im Zaume zu halten, vor allem, sie nicht zu zeigen! Heimlich aber kriechen sie im Dunkel der Erde bzw. in unserem Unbewussten weiter und stoßen irgendwo und irgendwann wieder hervor. Winden dieser Art sind ein sehr mühsames Unkraut im Seelengarten, und ihre

Beseitigung braucht viel Arbeit. Immer und immer wieder schießen sie ins Kraut. Sollten wir vielleicht Gerüchte, Machtansprüche und Winden in einem speziellen, sehr gut eingezäunten, überschaubaren Gärtchen kultivieren, da sie ja scheinbar unausrottbar sind und einfach zum Leben gehören?

Erfinden wir doch einen kleinen »Spezialgarten«, in dem wir alle unsere schrecklichsten »Unkräuter«, sprich Charaktereigenschaften, zusammenpflanzen und mit einer hochragenden Mauer umgeben. Diese allerdings müsste auch ebenso tief in den Boden hinunterreichen, »wegen den kriechenden Windenwurzeln natürlich ...«. Auf die Mauer würden wir einige Moralapostelchen setzen, bewaffnet mit sehr feinen Schmetterlingsnetzen, die alle fliegenden Samen fangen und mit langen Scheren die vorwitzigen Winden zurechtschneiden würden.

Sie selbst würden gelegentlich mit einem Schwert in der Hand über die Mauer steigen und gegen das Unkraut antreten. Wir wollen ja Siege feiern und Heldinnen und Helden sein – im Kampf mit dem Unkraut! Wir vernichten es! Glücklicherweise wachsen Unkräuter schnell und kraftvoll nach, sonst hätten wir, wie unsere Gärtnerin aus England schreibt, keine Herausforderung mehr im Garten ... Hätte ich mich nur an ihren Ausspruch erinnert, als ich nach meinen herrlichen Ferien so schimpfte über das viele Unkraut in meinem Garten! Dann nämlich wäre ich eine Heldin gewesen! So habe ich nur ganz alltäglich geschwitzt und gestöhnt, war nur eine ganz gewöhnliche Gärtnerin. Normalität und Einfachheit ist eben »nur«, weder aufregend noch deprimierend ...

Und doch möchte ich mich noch einmal dem ganz einfachen Gärtnern im Seelengarten zuwenden, das nichts Heldisches an sich hat. Denn in der heutigen Zeit gibt es viele Menschen, die ihre Seele als einen unbedeutenden, öden Garten erleben. Andere Menschen, zum Beispiel auch Therapeuten, sehen das nicht immer so, doch ändert das herzlich wenig an der subjektiven Befindlichkeit dieser Menschen.
Im Gegenteil, es scheint fast so, dass sich der seelische Boden jener Menschen umso mehr weigert, fruchtbar zu werden, je mehr sich der Therapeut *bewusst* bemüht, zu graben, zu wässern und zu säen. Je mehr er sich bemüht zu helfen, zu stimulieren, desto mehr scheinen sich diese Menschen zu distanzieren und in sich zusammenzuziehen. Das lässt den Therapeuten schwer an seinen Fähigkeiten zweifeln, und es bringt seinen eigenen Seelengarten in Gefahr. In Gefahr deshalb, weil sich seine Kraft bei der fruchtlosen, mühsamen Arbeit im Garten seiner Patienten erschöpft.

Auch mir ist das so ergangen, bis ich gemerkt habe, dass ein Wort, das wir alle sehr gut kennen, auch so heißen könnte: »Liebe den Seelengarten deines Nächsten wie deinen eigenen.« Oder etwas erweitert: »Mach Ordnung in deinem Garten, schau zu, dass dein Garten fruchtbar und blühend bleibt, dann können sich die anderen daran freuen, inspirieren und stärken.« Es ist nämlich nicht so, dass wir Therapeuten den Garten unserer Patienten anpflanzen müssen. Wir versprechen und pflanzen ihnen keinen Rosengarten, aber wir geben ihnen einen geschützten Raum, wo sie ihren eigenen wachsen lassen können. Und mehr noch, der Reichtum und die Kraft unserer Seelenwelt, unser Vertrauen in die heilenden Kräfte der Natur, auch der menschlichen, übertragen sich wortlos, sozusagen mit unsichtbaren Flügeln auf unsere Patienten und Mitmenschen.

Über das Prinzip der Resonanz, bei dem sich die Schwingungen der Saiten eines gespielten, klingenden Musikinstrumentes auf ein zweites, ruhendes übertragen, wird die eingetrocknete »heilige Grünkraft« in unseren Patienten durch die lebendige Grüne in uns selbst wieder belebt. Auf einmal zeigt sich dann eine Hoffnung, wie das bei einer meiner Patientinnen geschah. Nach einer langen, schwer zu ertragenden, trostlosen Zeit, in der sich kein Lichtschimmer zeigen wollte und kein seelisches Blümchen wachsen wollte, träumte sie Folgendes:

Hinter den Büchern auf meinem Büchergestell fand sie ein Säcklein mit Tulpenzwiebeln. Sie nahm es heimlich an sich, trug es nach Hause und pflanzte die Zwiebeln in ihren Garten. Dabei hatte sie die leise Hoffnung, dass die Tulpen im nächsten Frühjahr blühen würden.

*

Der Traum erweckte ein Gefühl der Freude in meiner Patientin und erfüllte auch mich mit einer leisen Hoffnung. Noch hatten wir aber einen Winter vor uns. Das ist eine schwierige Jahreszeit, denn dann sieht man eben nicht, was »unter der Erde«, das heißt im tiefsten Unbewussten eines Menschen, vorgeht. Doch wie der legendäre Frühlingsteppich (siehe Seiten 23 und 26) den Sassaniden-Kaiser Chosrau durch den Winter begleitete und »an den Frühling erinnerte«, begleitete mich der Traum meiner Patientin durch die nächsten Monate. Ich unterstützte jedes kleinste Zeichen von Wachstum und machte sie darauf aufmerksam, dass sie mit ihrer Verachtung gegenüber den kleinen, fast unsichtbaren Entwicklungsschritten das in ihrem eigenen Traum enthaltene Potential immer wieder zu zerstören versuchte. Sie durfte auch nicht immer wieder auf die kleinen, sprießenden Blättchen in ihrer Seele treten und gleichzeitig von der Therapie prächtige Blüten und Früchte erwarten.

So unspektakulär es klingt, aber Therapeuten sind oft wie Gärtner, die ihren Patienten immer und immer wieder beibringen müssen, dass auch starke Pflanzen und große Bäume aus kleinen Keimblättchen herauswachsen und viel Zeit und Pflege (und auch Gottes Segen) brauchen, um sich zu entwickeln – wie gesagt, nur wer schon selber einen Garten gepflanzt hat, versteht etwas davon und weiß, auf was es ankommt. Ich vertraute darauf, dass die Tulpen, die sie in ihrem Traum gepflanzt hatte, blühen würden. Sie taten es dann auch, sehr, sehr schüchtern, eine nach der anderen, und wir freuten uns an ihnen.

Nun ist es aber an der Zeit, zurückzukehren zum knorrigen Quittenbaum, dem Lieblingsbaum meines Großvaters, der mir vor vielen Jahren im Traum erschien (siehe Kapitel 4). Über fünfzig Jahre sind es her, seit ich mit meinem Großvater im Garten spazierte und fast fünfundzwanzig Jahre, seit mir der Baum im Traum wieder erschien.

Das sind lange Zeiträume, in denen jedoch »der Quittenbaum« in dieser oder jener Form immer wieder in mir auftauchte. Das ist zum Beispiel eines der unzähligen Bilder, die, wie ich bereits beschrieb, die Seele formen und beleben. Es ist *ein* Bild aus meinem Leben, das am Anfang von sehr starken Gefühlen der Verehrung und Bewunderung für meinen Großvater begleitet war, sich dann im Laufe der Jahre vielfältig in mir gewandelt hat, bis hin zu heute, wo dieser schöne und doch knorrige Baum ganz bedeutungsvoll zu mir selber und auch zu meinem Berufsverständnis gehört.

Im Traum wurde das Haus meiner Großeltern niedergerissen, aber es war meine Aufgabe, meines Großvaters Quittenbaum und seine Sammlung von Bildern kranker Kinder zu bewahren. Er war Kinderarzt und hatte früh erkannt, dass die Zeichnungen (Bilder!) seiner kleinen Patienten viel über deren seelische und körperliche Befindlichkeit aussagten.

Im Traum nun befand ich mich im großelterlichen, genauer noch, im großväterlichen Seelengarten; also in dem vom Wesen meines Großvaters geprägten Raum, wo auch ich als Kind lernte, die Natur zu beobachten, die Seele in der Natur zu erspüren und zu lieben und den Geist der Natur zu erahnen. Hier sollte ich zwei wichtige Dinge, den Quittenbaum des Großvaters und die Bilder seiner Patienten, erhalten.

Der Quittenbaum: Er gehört zur Familie der Rosengewächse (Aphrodite!) und stammt aus Westasien. Der Baum ist sehr schön, stark, knorrig und weit ausladend. Die Blüten erinnern an die Apfelblüten, sind aber etwas kräftiger in der Farbe. Die reifen Früchte sind herrlich leuchtend goldgelb und verbinden die Form des Apfels mit der der Birne. Man sah in ihnen eine Verbindung von männlich und weiblich. In Griechenland galten die Quitten als Symbole von Liebe und Eros, daher schenkte man sie den Neuvermählten und wünschte ihnen damit Glück und Segen für ihre Verbindung.

Auch in der Volksheilkunde war die Quitte früher sehr hoch geschätzt. Sie half bei allen Arten von Entzündungen und – was besonders interessant ist in Bezug auf meinen Großvater als Arzt – der Quittenbaum beschützt Menschen, die durch ihre Sensibilität sehr verwundbar sind.

Der Quittenbaum schützt also leidende Menschen, seine Früchte enthalten heilende Stoffe und sind Symbole für Liebe und Bezogenheit. Mir scheint, der ganze Baum sei ein wunderbares Symbol für das Wesen eines Arztes oder einer Psychotherapeutin und wohl wert, in meinem Inneren erhalten zu werden.[77]

Und die Bilder der kranken Kinder? Wie ich schon sagte, scheint mir die Seele aus ungezählten inneren Bildern zusammengesetzt. Diese Bilder sind Träger von Erinnerungen, Gefühlen, Gedanken, Erfahrungen, Visionen. Sie formen eine ungeheuer reiche Welt, aus allen Höhen und Tiefen des Lebens zusammengesetzt. So zeigt uns jedes Bild, das ein Kind oder ein Erwachsener malt, einen Ausschnitt aus seinem Leben und Erleben. Wer die Bildersprache der Seele oder die Seelensprache der Bilder versteht, dem erzählen sie Geschichten von Freude, von Liebe und Leid, von Leben, Krankheit und Tod.

Der Garten als Gefäß für den Quittenbaum, der die Seelenbilder der Menschen beschützt ... so kann man den Traum weiterspinnen – *ein Bild*, das im äußeren Garten geprägt wurde, sich im inneren Seelenraum festgesetzt und entwickelt hat und im Laufe der Jahre zu einem starken Leitbild für mein Leben

wurde. Um darüber Bewusstheit zu erlangen, musste ich das schwere, orientalische Tor aus dem Traum aufstoßen, von dem zu Beginn dieses Buches erzählt wurde, und lange in den dahinter liegenden Gärten spazieren gehen. Im Gehen, Stehenbleiben, Nachdenken und Nachfühlen wurde mir dieser eine Zusammenhang ganz klar. Vieles andere ist hingegen noch halb verborgen, denn wie es Gärten so in sich haben, führen sie uns vorwärts und rückwärts, nach links und nach rechts, in die Höhe und in die Tiefe. Nach einer gewissen Zeit meinen wir, sie zu kennen, aber nein – sie lassen es nicht zu. Schnell spinnen sie einen neuen Schleier um ihre Geheimnisse, und wieder staunen und fragen wir und lassen uns vom Zauber des Gartens umfangen.

Blumen zum Dank

Zwei Arme voller Blumensträuße möchte ich zum Dankesagen an verschiedene Menschen verteilen.

Einen prächtigen, leuchtenden Strauß von gelben Rosen bekommt mit herzlichem Dank meine Lektorin Ulrike Reverey im Kösel-Verlag. Sie hat mich mit ihrer spontanen und seelengärtnerischen Art davon überzeugt, das Thema des Gartens und des Seelengartens weiterzuverfolgen und das Buch fertig zu schreiben. Alle am Buch Beteiligten im Verlag – insbesondere Ilse Weidenbacher, die das Buch so liebevoll gestaltete – haben dafür gesorgt, dass der »Zauber des Gartens« ins rechte Licht gerückt und mit dem richtigen Glanz versehen wurde.

Viele bunte Blumensträuße, angefangen beim kleinen Sträußchen aus Vergissmeinnicht über einen großen Strauß aus leuchtenden Sonnenblumen bis hin zu fröhlichen oder romantischen Sträußen aus bunten Blumen oder gar dunkelroten Rosen gehen an meine Familie, die vier lebhafte Generationen umfasst, an meine zahlreichen Freundinnen und Freunde (speziell an Aileen Campbell Nye, die grüne Fee), die ihren eigenen und meinen Garten lieben, und an meine Analysanden, die alle in irgendeiner Weise etwas mit meinem Seelengarten zu tun haben. Eine besondere Rose geht an Mr. Fred Licciardi, der vor vielen Jahren, anlässlich meiner ersten Vorlesung in Englisch zum Thema Garten, spontan und begeistert zu mir sagte: »That was so wonderfull. You must write a book about the garden!« Wer kann einer so von Herzen kommenden Aufforderung widerstehen!

Meine Familie, meine Freunde und Analysanden haben mich alle entweder liebevoll unterstützt oder meine Phantasie beflügelt mit Erinnerungen, Begebenheiten und inneren Bildern.

Ihnen allen möchte ich ganz herzlich danken!

Anmerkungen

1 Merlin und Viviane gehören zum Sagenkreis um König Artus. Beide Figuren sind noch sehr lebendig in der Bretagne, besonders in deren »Herz«, dem Zauberwald der Broceliande. Hier gibt es noch »das Grab Merlins«, »das Grab Vivianes«, »das Schloss Vivianes«, alles sehr verwunschene Orte. Möglicherweise lebte Merlin aber sehr viel früher, dazu: Tolstoy, Nikolai: *Auf der Suche nach Merlin*. Diederichs, München 1987

2 zu »Anderswelt«, z.B. Hetmann, Frederik: *Die Reise in die Anderswelt*. Diederichs, München 1981

3 Während des 2. Weltkrieges wurden auf den Rasenflächen der Privatgärten Kartoffeln und Gemüse angepflanzt. Diese Aktion wurde »Anbauschlacht« genannt.

4 zu Imagination: Jung, Carl Gustav: *Gesammelte Werke*, Band 12, S. 317 ff. Walter, Zürich 1972

5 Ford, P.R.J.: *Der Orientteppich und seine Muster*. Busse, Herford 1982, S. 144 f.

6 Gothein, Marie Luise: *Geschichte der Gartenkunst*, erster Band. Diederichs, München (Jena) 1926, S. 148 f.

7 Margulis, Lynn/Sagon, Dorion: *Leben. Vom Ursprung zur Vielfalt*. Spektrum, Heidelberg 1997, S. 26

8 zu Alchemie: Jung, Carl Gustav: *Gesammelte Werke*, Band 12, a.a.O.

9 zu Zaunreiterinnen: Dürr, Hans Peter: *Traumzeit*. Syndikat, Frankfurt/M. 1983

10 *Märchensammlung der Gebrüder Grimm*, z.B. Manesse, Zürich

11 zu Grenzopfer: Sträuble, Bechtold: *Handwörterbuch des Deutschen Aberglaubens*. de Gruyter, Berlin/Leipzig 1931, unter »Grenze«, S. 1137

12 Ammann, Ruth: *Traumbild Haus*. Walter, Zürich 1987

13 Jung, Carl Gustav: *Erinnerungen, Träume und Gedanken*. Ex Libris, Frankfurt/M. (Zürich) 1962, S. 361

14 Modell der mittelalterlichen Stadt Cluny in Frankreich. Musée Ochier, Cluny

15 Schloss Vaux le Vicomte, in Frankreich südöstlich von Paris

16 Chateaux de Villandry, in der Nähe der Stadt Tours in Mittelfrankreich

17 Jung, Garl Gustav: *Erinnerungen, Träume und Gedanken*, a.a.O. S. 162 ff.

18 *Die Heilige Schrift*, nach Martin Luther. Württembergische Bibelanstalt (Deutsche Bibelgesellschaft), Stuttgart 1993

19 Schimmel Annemarie: *Gärten der Erkenntnis. Das Buch der vierzig Sufi-Meister*. Diederichs, München und Besserman, Perle: *Der versteckte Garten. Die Kabbala als Quelle spiritueller Unterweisung*. Fischer, Frankfurt/M. 1996

20 Bredekamp, Horst: *Botticelli Primavera*. Fischer Tb, Frankfurt/M. 1988

21 Busch, Wilhelm: *Gesamtausgabe*, Band 2: »Die fromme Helene«. Braun und Schneider, München 1943

22 Ammann, Ruth: *Heilende Bilder der Seele. Das Sandspiel – der schöpferische Weg der Persönlichkeitsentwicklung*. Kösel, München 1989
23 zu Schildkröte: z.B. Heinz-Mohr, Gerd: *Lexikon der Symbole*, Diederichs, München 1983
24 *Katalog der Gemäldegalerie Berlin*, Berlin-Dahlem 1975
25 ebda.
26 ebda.
27 *Märchensammlung der Gebrüder Grimm*, Nr. 76 »Die Nelke«
28 zu Selene: Gottschalk, Herbert: *Lexikon der Mythologie*. Safari, Berlin 1973
29 Paris, Ginette: *Aphrodites Wiedergeburt*. Schweizer Spiegel Verlag, Zürich 1990
30 ebda.
31 zu Hekate: Gottschalk, Herbert: *Lexikon der Mythologie*, a.a.O.
32 Polunin, Miriam/Robbins, Christopher: *The Natural Pharmacy*, Dorling Kindersley, London 1992
33 Gallwitz, Esther: *Kleiner Kräutergarten*. Insel, Frankfurt/M./Leipzig 1992, Kap.: »Pflanzenkörper, Pflanzenseele«, S. 22 f.
34 Polunin, M./Robbins, Ch.: *The Natural Pharmacy*, a.a.O.
35 Golowin, Sergius: *Die Magie der verbotenen Märchen*. Merlin, Hamburg 1995
36 *Italienische Märchen, Märchen der Weltliteratur*. Diederichs, München 1959, »Petrosinella«; Calvino, Italo: *Fiabe italiane*. Vol. 1, Mondadori 1968, »Prezzemolina«
37 von Franz, Marie-Louise: *Traum und Tod*. Kösel, München 1984, S. 56
38 Hepper, F. Nigel: *Pharaoh's Flowers*. London HMSO 1990, S. 54
39 *Handbuch der Religionsgeschichte*, Band 1. Vandenhoeck und Ruprecht, Göttingen 1971
40 ebda.
41 Endres, Franz Carl: *Mystik und Magie der Zahlen*. Rascher, Zürich 1951, S. 135
42 Paris, Ginette: *Aphrodites Wiedergeburt*, a.a.O., S. 25
43 ebda., S. 23 ff.
44 Brombeergrütze wird in meiner Familie aus Brombeersaft, Zucker und Maizena zubereitet. Es soll eine dickliche Creme sein, die dann mit flüssigem Rahm »dekoriert« und gegessen wird.
45 Polunin, M./Robbins, Ch.: *The Natural Pharmacy*, a.a.O.
46 Scherf, Walter: *Lexikon der Zaubermärchen*. Kröner, Stuttgart 1982, S. 306
47 Calvino, Italo: *Fiabe italiane*. Vol. 2, »Rosmarina«, a.a.O.
48 von Kamphoevener, Elsa S.: *An Nachtfeuern der Karawan-Serail*, Band 2. »Das Bazilikonmädchen«, Ex Libris, Frankfurt/M. (Zürich) 1977
49 Pesto ist eine italienische Sauce, die z.B. mit Teigwaren vermischt wird. Ihr Hauptbestandteil sind sehr viele, fein zerstampfte Basilikumblätter.
50 Boccaccio, Giovanni: *Der Decamerone*, Band 1. Vierter Tag, Fünfte Novelle. Manesse, Zürich 1957
51 ebda.
52 Barz, Ellynor: *Götter und Planeten*. Kreuz, Stuttgart 1988, S. 78 ff.
53 *Erzählungen aus den Tausendundein Nächten*. Insel, Frankfurt/M. 1953
54 Bassani, Giorgio: *Die Gärten der Finzi Contini*. Piper, München 1963
55 Hodgson Burnett, Francis: *The Secret Garden*. Bantam, New York 1987
56 Ammann, Ruth: *Traumbild Haus*, a.a.O.

57 Sehr kunstvolle Dream Catchers findet man z.B. in den indianischen Verkaufsläden Nord-West-Amerikas.
58 Hennebo, Dieter: *Gärten des Mittelalters.* Artemis, Zürich/Düsseldorf 1987, Kap.: »Erotik in der Gartenkunst«, S. 51 ff.
59 Schulze Peter H.: *Frauen im alten Ägypten.* Lübbe, Bergisch-Gladbach 1987, S. 39
60 Es handelt sich um die königliche Kapelle im Park des Schlosses Windsor bei London. Gemeint ist die Königinmutter Mary.
61 Swimme, Brian: *Das Universum ist ein grüner Drache.* Claudius, München 1994
62 ebda., S. 23
63 Riedel, Ingrid: *Hildegard von Bingen. Prophetin der kosmischen Weisheit.* Kreuz, Stgt. 1994
64 ebda., S. 11 ff.
65 Swimme, Brian: *Das Universum ist ein grüner Drache*, a.a.O., S. 19 f.
66 zum Symbol des Drachens: Huxley, Francis: *The Dragon – nature of spirit, spirit of nature.* Thames and Hudson, London 1979
67 Margulis Lynn/Sagon, Dorion: *Leben*, a.a.O.
68 Autopoiese = Der Begriff stammt aus dem Griechischen (auto = selbst und poiein = machen) und bezeichnet die ständige Selbstproduktion des Lebendigen.
69 Margulis, Lynn/Sagon, Dorion: *Leben*, a.a.O., S. 175
70 Kellaway, Deborah: *Women Gardeners.* Virago Press, London 1996
71 Ammann, Ruth: *Heilende Bilder der Seele*, a.a.O.
72 ebda.
73 Blechschmidt, Erich: *Wie beginnt das menschliche Leben: vom Ei zum Embryo. Forschungsergebnisse mit weitreichenden Folgen.* Stein a. Rhein 1989, S. 149 ff.
74 ebda.
75 Paris, Ginette: *Aphrodites Wiedergeburt*, a.a.O.
76 Kellaway, Deborah: *Women Gardeners*, a.a.O.
77 zur Quitte und zum Quittenbaum: Strassmann, Rene A.: *Baumheilkunde*, AT Verlag, Aarau 1994, S. 211

Weiterführende Literatur

Bianca, Stefano: *Hofhaus und Paradiesgarten. Architektur und Lebensformen in der islamischen Welt.* C.H. Beck, München 1991

Caroll-Spillecke, M.: *Der Garten von der Antike bis zum Mittelalter.* Zabern, Mainz 1995

Hauser, Albert: *Bauern-Gärten der Schweiz.* Artemis, Zürich/Düsseldorf 1976

Sackville-West, Virginia: *The illustrated Garden Book.* Mermaid Books (Penguin Books), London 1989

Schultes, Richard E./Hofmann, Albert: *Pflanzen der Götter. Die magischen Kräfte der Rausch- und Giftgewächse.* AT Verlag, Aarau 1995

Stammel, Heinz J.: *Die Apotheke Manitous. Das medizinische Wissen der Indianer und ihre Heilpflanzen.* Rowohlt, Reinbek b. Hbg. 1986

Teichert, Wolfgang: *Gärten – Paradiesische Kulturen.* Kreuz, Stuttgart 1986

Vessichelli Pane, Rita: *Il Giardino.* Edizioni Olivares, Mailand 1994

Bildquellen

Aus dem Privatarchiv der Autorin: Seiten 11 (Rosen, Aquarell, R.A.); 15 (Villa Medicea in Careggi, Florenz); 17 (Privatgarten England); 19 (Alhambra, Granada/Spanien); 20 (Alcazar, Sevilla/Spanien); 21 (Privatgarten); 23 (Marrakesch/Marokko); 24/25 (Garten in Irland); 28 (Holzschnitt aus Vadians »Hortulus«, Ausgabe von 1512, aus: Albert Hauser, Bauerngärten der Schweiz, Artemis); 29 (Marrakesch/Marokko); 31 (Privatgarten); 34 (Holzschnitt frühes 16. Jahrh. aus: Dieter Fennebo, Gärten des Mittelalters, Artemis); 37 (Mein persönlicher Gartenzwerg); 38 (Privatgarten im Zentrum von London); 42 (Privatgarten); 46 oben: (Privathaus); 46 unten (Modell der mittelalterlichen Stadt Cluny/Frankreich); 47 (Vorgarten in London); 48 (Garten des Schlosses Vaux le Vicomte/Frankreich); 49 (Garten des Chateaux de Villandry, Loire/Frankreich); 50/51 (The Savill Garden bei Windsor/England); 54 (Villa Garzoni, Collodi bei Pescia/Italien); 57 (Sissinghurst, Kent/England); 61 oben (»Statue des Apennin«, Villa Pratolino, Florenz); 61 unten (Brunnen im Garten des Alcazars, Sevilla/Spanien); 62 (Im Garten des Maison de Claude Monet in Giverny/Frankreich); 73 (Gemüsestand mit »männlichem« Gemüse); 77 (The Savill Garden bei Windsor/England); 79 (Jan van Eyck, »Der Mann mit den Nelken«); 81 (Privatgarten in Zürich); 83 (Gemüsestand mit »weiblichem« Obst); 91 (Hathortempel, Dendera/Ägypten); 104 (Im Souk von Sanaa/Jemen); 116 (Mondlandschaft, Aquarell, R.A.); 119 (Seerosenteich im Garten des Maison de Claude Monet, Giverny/Frankreich); 120 (The Savill Garden bei Windsor/England); 122 Garten des Generaliffe, Alhambra, Granada/Spanien); 134/135 (Im Park des Schlosses Windsor/England); 138 (Catholic Mission, Carmel / Westküste USA); 145 (Im Garten der Villa Gamberaia, Florenz); 153 (»Grüne Fee« in London); 156 (Hände im Sandkasten, aus: Ruth Ammann, Heilende Bilder der Seele); 159 (Gärtchen im Kloster Ittingen/Schweiz); sowie die Seiten 3, 59, 68/69, 76, 82, 84, 85, 93, 98, 99, 101, 102, 110/111, 114, 125, 126, 130, 132, 139, 148, 150, 161, 164, 167, 170, 172;

Seite 67 (Sandro Botticelli, »La Primavera«, Galleria degli Uffizi, Florenz)

Seite 142 (»Verkündigung an Maria«. Sakramentar aus Köln um 1000. Paris, Nationalbibliothek. Kunstverlag Maria Laach Nr. 5548)